高等职业教育财务会计类富媒体智能型 · 精品系列教材

经济法基础与实务

JINGJIFA JICHU YU SHIWU

学习指导与同步训练（第四版）

XUEXI ZHIDAO YU TONGBU XUNLIAN

陈 强　郑军剑　主编

东北财经大学出版社
Dongbei University of Finance & Economics Press
大连

图书在版编目（CIP）数据

经济法基础与实务学习指导与同步训练 / 陈强，郑军剑主编．—4 版．—大连：东北财经大学出版社，2025.8．—（高等职业教育财务会计类富媒体智能型・精品系列教材）．—ISBN 978-7-5654-5718-0

Ⅰ. D922.290.4

中国国家版本馆 CIP 数据核字第 2025648M76 号

经济法基础与实务学习指导与同步训练

JINGJIFA JICHU YU SHIWU XUEXI ZHIDAO YU TONGBU XUNLIAN

东北财经大学出版社出版

（大连市黑石礁尖山街217号　邮政编码　116025）

网　　址：http://www.dufep.cn

读者信箱：dufep@dufe.edu.cn

大连日升彩色印刷有限公司印刷　　东北财经大学出版社发行

幅面尺寸：185mm×260mm　　字数：263千字　　印张：12.25

2025年8月第4版　　2025年8月第1次印刷

责任编辑：王天华　　责任校对：刘贤恩

封面设计：原　皓　　版式设计：原　皓

书号：ISBN 978-7-5654-5718-0　　定价：33.00元

教学支持　售后服务　　联系电话：（0411）84710309

第四版前言

本书与东北财经大学出版社出版的“十四五”职业教育国家规划教材《经济法基础与实务》（第四版）配套使用，全书共分十三个项目，每个项目均包括学习指导和同步训练两部分内容。本书侧重经济法基础课程的训练环节，以强化学生对理论知识的系统归纳、复习巩固、考证和技能训练为原则，以经济法基础与实务重难点为主体，注重与初级会计专业技术资格考试需求紧密对接，旨在帮助学生在学习课程的同时全面掌握初级会计专业技术资格考试的相关知识点和重难点，系统训练经济法基础课程的典型工作内容，培养学生理解问题、分析问题和解决问题的能力，有效提升学生的考证能力和财务职业综合素养。

第四版的变化和调整主要表现在：一是各项目顺序紧扣2025年初级会计专业技术资格考试科目“经济法基础”考试大纲，按照最新修改的《经济法基础与实务》（第四版）主教材，对应修改基本结构框架图、重难点与业务处理总结等部分的内容；二是将基础知识训练习题全部更新为最近几年的初级会计专业技术资格考试真题；三是按最新税收政策修改了相应的纳税申报案例。

本书主要具有以下特色：

（1）科学性和系统性。全面贯彻党的教育方针，落实立德树人根本任务，培养德智体美劳全面发展的社会主义建设者和接班人。力求体现“以能力为本位”的职业教育精神，本着有理论、有实务、有分析、有应用的原则，合理设计学习和训练的知识点和技能点，这一渐进式的学习指导、系统归纳和同步训练，有助于实现“以学生为主，做中学、学中做”的理论与实践一体化教学，有助于培养学生涉税业务自主学习能力、专业能力、社会能力、方法能力及可持续发展能力、职业迁移能力。

（2）针对性和实用性。注重对接最新初级会计专业技术资格考试标准，紧扣职称考试题型，合理设计训练内容。同步训练的“基础知识训练”内容大多取自近几年真题，并在括号内标注真题的年份，重难点突出，紧扣考试要点，有针对性。同时，对每个项目总体知识点采用思维导图方式进行概括表述，便于学生理清思路和记忆。读者可以登录正保云课堂平台（https：//edu.netinnet.cn/s/qzzyjjfjc），获取更多与本书配套的“经济法基础”在线开放课程资源。

（3）岗位性和综合性。按照“体现涉税工作过程，有效培养学生职业能力”的目标，精心整合涉税工作的理论与实务，注重涉税岗位实训操作训练，强化对学生实际操作能力、解决问题及专业判断能力的培养。

本书由浙江商业职业技术学院陈强总负责。陈强和温州科技职业学院郑军剑担任主编，浙江金融职业学院陈美丽、温州科技职业学院严瑾担任副主编，泉州职业技术大学段芳明（律师、会计师）、浙江金融职业学院张惠君、泉州经贸职业技术学院吴秋红参与编写。上述编写团队具有丰富的企业工作经验，并坚持产教融合，校企双元开发，杭氧集团股份有限公司奚碧月正高级会计师（浙江省高端会计人才）参加了本书的审核工作，使本书的质量进一步得到保障。本书既可以作为高等职业教育经济法基础课程的配套用书，也可以作为财会人员初级会计专业技术资格考试的辅导用书，还可以作为财会工作者和经营管理人员的培训用书。本书在编写过程中参考了不少专家学者的著述，得到了有关专家学者和东北财经大学出版社的大力支持，在此一并感谢！

由于编者理论知识和实践能力有限，疏漏之处在所难免，敬请专家学者及使用本书的老师、同学批评指正，非常感谢！

编　者

2025年7月

目 录

项目一

认识经济法基础

学习指导

2025年3月8日，第十四届全国人民代表大会第三次会议举行第二次全体会议，听取和审议全国人大常委会工作报告。这份沉甸甸的报告，凝聚着全国人大常委会一年来的工作成果，字里行间回响着法治中国建设的铿锵足音。

一年来，全国人大常委会共审议法律案39件，通过其中24件，包括制定法律6件、修改法律14件、作出有关法律问题和重大问题的决定4件。制定农村集体经济组织法，进一步推进新型农村集体经济组织建设有法可依，为乡村振兴提供法治保障；出台能源法，夯实国家能源安全法治根基，推动绿色低碳转型；制定学位法，完善学位法律制度，保障学位工作高质量发展……

展望2025年，全国人大常委会预安排审议34件法律案。在新的起点上，立法工作高质量推进，推动法律成为护航民族复兴、增进人民福祉的坚实基石。

本项目基本结构框架

本项目基本结构框架，如图1-1所示。

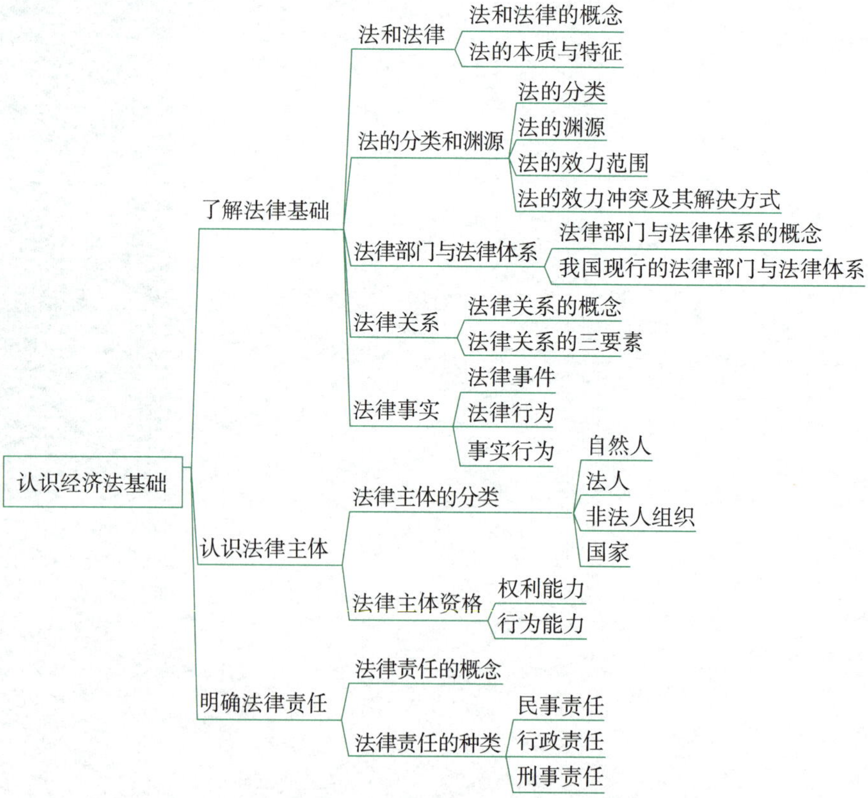

图1-1　本项目基本结构框架图

本项目重难点与业务处理总结

一、法律基础重难点

1. 法的分类

请归纳法的分类的相关规定，并填入表1-1。

表1-1　法的分类

划分标准	法的分类
1. 根据法的创制方式和发布形式划分	
2. 根据法的内容、效力和制定程序划分	
3. 根据法的内容划分	
4. 根据法的空间效力、时间效力或对人的效力划分	
5. 根据法的主体、调整对象和渊源划分	
6. 根据法律运用的目的划分	

2. 法的渊源

请归纳我国法的渊源，并填入表1-2。

表1-2　法的渊源

形式		制定机关	注意要点	名称规律
宪法			根本大法，具有最高的法律效力	
法律			其法律效力和地位仅次于宪法，是制定其他规范性文件的依据	××法
法规	行政法规		通常冠以条例、办法、规定等名称	××条例
	地方性法规		省；省会、特区、设区的市（1+3）	××地方××条例
规章	部门规章		规章在法院审理行政案件时“仅起参照作用”	××条例实施细则
	地方政府规章		政府规章除不得与宪法、法律和行政法规相抵触外，还不得与上级和同级地方性法规相抵触	××地方××办法
效力排序				
提示		自治区法规、特别行政区基本法、国际条约也属于法的形式		

3. 法的效力范围

请归纳法的生效和终止方式的相关规定，并填入表1-3。

表1-3 法的生效和终止方式

方式	具体内容
生效方式	(1)
	(2)
终止方式	(1)
	(2)
	(3)
	(4)

4. 法律关系

请归纳法律关系三要素，并填入表1-4。

表1-4 法律关系三要素

三要素	分类	具体举例
主体（双）		中国公民、外国公民、无国籍人
		营利法人、非营利法人、特别法人
		个人独资企业、合伙企业、不具有法人资格的专业服务机构
		特定情况
内容		行为权、请求权、获得法律保护权
		必须作出某种行为或者不得作出某种行为的约束
客体		自然物、人造物、一般等价物或者有体物、无体物
		生命权、身体权、健康权、姓名权、肖像权、名誉权、荣誉权、隐私权、婚姻自主权等
		作品、发明、实用新型、外观设计、商标等
		矿产情报、产业情报、国家机密、商业秘密、个人隐私等
		生产经营行为、经济管理行为、提供一定劳务的行为、完成一定工作的行为

5. 法律事实

请归纳法律事实的相关规定，并填入表1-5。

表1-5　法律事实

项目	核心特征	细化阐述	
法律事件		绝对事件	
		相对事件	
法律行为		根据行为是否符合法律规范的要求分类	
		根据行为的表现形式不同分类	
		根据行为是否通过意思表示分类	
		根据作出意思表示的主体数量分类	
		根据行为是否需要特定形式或实质要件分类	
		根据主体实际参与行为的状态分类	
事实行为		无因管理行为、正当防卫行为、紧急避险行为、侵权行为、违约行为、遗失物的拾得行为、埋藏物的发现行为等	

二、法律主体重难点

1. 法人的分类

请归纳法人的分类的相关规定，并填入表1-6。

表1-6　法人的分类

名称	具体分类	具体内容
营利法人		有限责任公司、股份有限公司
		没有采取公司制的全民所有制企业、集体所有制企业等
非营利法人		公办医院、学校等
		各类协会、学会等
		基金会、社会服务机构、寺院、宫观、清真寺、教堂等
特别法人		各国家机关
		生产队
		农民合作社
		居委会、村委会

2. 法人的解散和终止

请归纳法人的解散和终止的相关规定，并填入表1-7。

表1-7　法人的解散和终止

方式	具体内容
法人的解散	(1)
	(2)
	(3)
	(4)
	(5)
法人的终止	(1)
	(2)
	(3)

3. 民事行为能力

请归纳自然人民事行为能力的相关规定，并填入表1-8。

表1-8　自然人民事行为能力

分类	具体情形	行为后果
无民事行为能力人		由法定代理人代理民事活动
限制民事行为能力人		可以进行与其年龄、智力或精神健康状况相适应的民事活动
完全民事行为能力人		可以独立进行民事活动

【注意】《中华人民共和国民法典》规定："以上""以下"均包括本数，"超过""不满"均不包括本数。

4. 刑事责任能力

请归纳自然人从轻、减轻、免除处罚的相关规定，并填入表1-9。

表1-9　自然人从轻、减轻、免除处罚

犯罪群体		是否从轻、减轻、免除处罚
又聋又哑的人或者盲人犯罪		
已满12周岁不满18周岁的人犯罪（12 ≤ 且 < 18）		
已满75周岁的人故意犯罪（≥ 75）		
过失犯罪		
精神病人	尚未完全丧失辨认或者控制自己行为能力的精神病人犯罪	
	不能辨认或者不能控制自己行为的时候造成危害结果，经法定程序鉴定确认的	
	间歇性的精神病人在精神正常的时候犯罪	
醉酒的人犯罪		

三、法律责任重难点

请归纳法律责任的相关规定，并填入表1-10。

表1-10　法律责任

<table>
<tr><td>民事责任</td><td colspan="4"></td></tr>
<tr><td rowspan="2">行政责任</td><td>行政处罚</td><td colspan="3">（对外）</td></tr>
<tr><td>行政处分</td><td colspan="3">（对内）</td></tr>
<tr><td rowspan="7">刑事责任</td><td rowspan="6">主刑</td><td>种类</td><td>期限</td><td>数罪并罚</td></tr>
<tr><td>1.管制</td><td></td><td>最高3年</td></tr>
<tr><td>2.拘役</td><td></td><td>最高1年</td></tr>
<tr><td>3.有期徒刑</td><td></td><td>总刑期不满35年的，最高不能超过20年；
总刑期在35年以上的，最高不能超过25年</td></tr>
<tr><td>4.无期徒刑</td><td colspan="2"></td></tr>
<tr><td>5.死刑</td><td colspan="2">包括：</td></tr>
<tr><td>附加刑</td><td colspan="3">种类：
【注意】政治权利：选举权和被选举权；言论、出版、集会、结社、游行、示威自由的权利；担任国家机关职务的权利；担任国有公司、企业、事业单位和人民团体领导职务的权利</td></tr>
</table>

同步训练

基础知识训练

一、单项选择题

1.（2024年）下列主体中，有权制定部门规章的是（　　）。

A.民族自治地方的人民代表大会　　B.中国人民银行

C.设区的市的人民政府　　D.省级人民政府财政部门

2.（2024年）下列关于法的效力等级的表述中，不正确的是（　　）。

A.法律的效力高于行政法规　　B.地方性法规的效力高于同级地方政府规章

C.宪法的效力高于法律　　D.部门规章的效力高于行政法规

3.（2024年）会计师事务所属于（　　）。

A.营利法人　　B.非营利法人　　C.非法人组织　　D.特别法人

4.（2024年）下列自然人中，视为完全民事行为能力人的是（　　）。

A. 23周岁的吴某，不能辨认自己的行为

B. 6周岁的李某，系某幼儿园小朋友

C. 15周岁的王某，系某中学初三学生

D. 17周岁的马某，以自己的劳动收入为主要生活来源

5.（2024年）甲个体工商户因违规使用食品添加剂，被市场监督管理局限制开展生产经营活动。甲个体工商户承担的该项法律责任属于（　　）。

A.行政处分　　B.行政处罚　　C.民事责任　　D.刑事责任

6.（2023年）下列权利中，不属于外国人在我国享有的是（　　）。

A.人身权　　B.财产权　　C.选举权　　D.受教育权

7.（2023年）根据授权制定的法规与法律规定不一致时，由特定机关裁决，该机关是（　　）。

A.全国人民代表大会　　B.全国人民代表大会常务委员会

C.最高人民法院　　D.国务院

8.（2023年）下列各项中，属于法律事件的是（　　）。

A.发现埋藏物　　B.侵权行为　　C.森林大火　　D.行政命令

9.（2023年）下列各项中，属于法人，可以成为法律关系主体的是（　　）。

A.某外国公民　　B.某县政府　　C.某个人独资企业　　D.某合伙企业

10.（2023年）下列各项中，不能作为法律关系客体的是（　　）。

A.网络虚拟财产　　B.个人隐私　　C.有价证券　　D.人的整体

11.（2023年）下列各项中，属于刑事责任附加刑的是（　　）。

A.拘役　　B.没收违法所得　　C.罚金　　D.赔偿损失

12.（2022年）下列法律事实中，属于法律行为的是（　　）。

A.李某签发支票　　B.王某的父亲去世

C.张某的孩子出生　　D.甲地发生地震

13.（2022年）张某从赵某开设的网店购买一件手工玩具，因对玩具质量不满意，委托朋友孙某处理退货或退款事宜。孙某与赵某协商达成协议，张某不退货，赵某退还货款100元。随后，赵某将100元退还张某，关于该事件的下列表述中，不正确的是（　　）。

A. 孙某受张某委托与赵某达成协议的行为是代理行为

B. 张某委托朋友孙某处理该事件是积极行为

C. 赵某退还给张某100元货款的行为是自主行为

D. 张某购买赵某手工玩具的行为是单方行为

14.（2022年）下列法律责任形式中，属于民事责任的是（　　）。

A.赔偿损失　　B.没收财产　　C.罚款　　D.罚金

15.（2021年）下列自然人中，属于限制民事行为能力人的是（　　）。

A.李某，16周岁，系艺术中心签约演员，月工资4 500元

B.孙某，18周岁，能够完全辨认自己行为

C.赵某，36周岁，系精神病患者，不能完全辨认自己行为

D.钱某，7周岁，系小学一年级学生

16.（2021年）下列规范性文件中，属于行政法规的是（　　）。

A.全国人民代表大会通过的《中华人民共和国香港特别行政区基本法》

B.全国人民代表大会常务委员会通过的《中华人民共和国票据法》

C.财政部发布的《企业会计准则——基本准则》

D.国务院发布的《企业财务会计报告条例》

17.（2021年）下列对法所作的分类中，属于以法的创制方式和发布形式为依据进行分类的是（　　）。

A.成文法和不成文法　　B.一般法和特别法

C.根本法和普通法　　D.实体法和程序法

18.（2021年）下列法律责任形式中，属于行政处分的是（　　）。

A.罚款　　B.记过　　C.拘役　　D.拘留

19.（2020年）甲公司和乙公司签订购买20台办公电脑的买卖合同，总价款为20万元。该法律关系的主体是（　　）。

A.甲公司和乙公司　B.20台办公电脑　　C.20万元价款　　D.买卖合同

20.（2020年）下列各项中，属于单方行为的是（　　）。

A.签订合同　　B.缔结婚姻　　C.订立遗　　D.销售商品

二、多项选择题

1.（2024年）引起法律关系发生、变更和消灭的下列法律事实中，属于法律事件的有（　　）。

A.拾得遗失物　　B.台风登陆　　C.人的出生　　D.缴纳税款

2.（2024年）根据民事法律制度的规定，下列各项中，属于非法人组织的有（　　）。

A.乙合伙企业　　B.甲个人独资企业

C.丙股份有限公司　　D.丁有限责任公司

3.（2024年）下列选项中，属于法律关系客体的有（　　）。

A.商标　　B.人格　　C.网络虚拟财产　　D.行为

4.（2023 年）下列各项中，属于我国法的渊源的有（　　）。

A. 最高人民法院的判决书　　B.国际条约

C.法规　　D.规章

5.（2023 年）下列各项中，属于“物”的有（　　）。

A.天然气　　B.水流　　C.票据　　D.电力

6.（2023 年）营利法人的执行机构为董事会或者执行董事的，可以担任其法定代表人的有（　　）。

A.监事　　B.财务负责人　　C.董事长　　D.经理

7.（2023 年）根据民事法律制度的规定，下列关于自然人民事行为能力的表述中，正确的有（　　）。

A. 不能辨认自己行为的成年人为无民事行为能力人

B. 自然人的民事行为能力与民事权利能力同时产生

C. 限制民事行为能力人可以独立实施纯获利益的民事法律行为

D.16 周岁以上的未成年人，以自己的劳动收入为主要生活来源的，视为完全民事行为能力人

8.（2022 年）下列各项中，属于国家创制法的方式有（　　）。

A.制定　　B.汇编　　C.认可　　D.解释

9.（2023年）下列各项中，属于事实行为的有（　　）。

A.订立遗嘱　　B.行政命令　　C.拾得遗失物　　D.发现埋藏物

10.（2022年）赵某、钱某、孙某、李某在实施下列犯罪行为时，均为15周岁，其中应当负刑事责任的有（　　）。

A.犯洗钱罪的孙某　　B.犯过失杀人罪的钱某

C.犯故意投放危险物质罪的李某　　D.犯放火罪的赵某

11.（2022年）下列犯罪主体中，刑事处罚可以从轻的有（　　）。

A.又聋又哑的人

B.尚未完全丧失辨认自己行为能力的精神病人

C.醉酒的人

D.故意犯罪的已满 75 周岁的人

12.（2021年）下列关于法的本质与特征的表述中，正确的有（　　）。

A. 法是确定人们在社会关系中的权利和义务的行为规范

B. 法是全社会成员共同意志的体现

C. 法由统治阶级的物质生活条件所决定

D. 法是由国家制定或认可的规范

13.（2020年）下列各项中，能够作为法律关系主体的有（　　）。

A.乙农民专业合作社　　B.甲市财政局

C.智能机器人阿尔法　　D.大学生张某

14.（2020年）下列关于规范性法律文件适用原则的表述中，正确的有（　　）。

A. 法律之间对同一事项的新的一般规定与旧的特别规定不一致，不能确定如何适用时，由全国人民代表大会常务委员会裁决

B. 根据授权制定的法规与法律不一致，不能确定如何适用时，由全国人民代表大会常务委员会裁决

C. 行政法规之间对同一事项的新的一般规定与旧的特别规定不一致，不能确定如何适用时，由国务院裁决

D. 部门规章与地方政府规章之间对同一事项的规定不一致时，由国务院裁决

15.（2019年）下列自然人中，属于限制民事行为能力人的有（　　）。

A. 杨某，13周岁，系大学少年班在校大学生
B. 范某，20周岁，有精神障碍，不能辨认自己的行为
C. 孙某，7周岁，不能辨认自己的行为
D. 周某，15周岁，系体操队专业运动员

三、判断题

1.（2024年）法人的分支机构只能以法人的名义从事民事活动。（　）
2.（2024年）自然人的民事权利能力和民事行为能力同时产生。（　）
3.（2023年）部门规章与地方政府规章之间对同一事项的规定不一致，不能确定如何适用时，由财政部裁决。（　）
4.（2022年）没有法律或者国务院的行政法规、决定、命令的依据，部门规章不得设定减损公民、法人和其他组织权利的规范。（　）
5.（2022年）旧的法律一旦被新的法律废止，则废止前发生的行为一律适用新的法律。（　）
6.（2022年）法律之间对同一事项的新的一般规定与旧的特别规定不一致，不能确定如何适用时，由全国人民代表大会裁决。（　）
7.（2022年）法人的分支机构只能以法人的名义从事民事活动。（　）
8.（2022年）机关法人被撤销的，法人终止，如没有继任的机关法人的，其民事权利和义务由其上级机关法人享有和承担。（　）
9.（2022年）已满75周岁的人过失犯罪的可免除刑事责任。（　）
10.（2021年）网络虚拟财产不可以成为法律关系的客体。（　）
11.（2021年）附加刑不得独立适用。（　）
12.（2021年）中国人民银行发布的《支付结算办法》属于行政法规。（　）
13.（2021年）管制是对犯罪分子实行关押的刑罚方法。（　）
14.（2020年）地方性法规与部门规章之间对同一事项的规定不一致，不能确定如何适用时由国务院提出意见，国务院认为应当适用地方性法规的，应当决定在该地方适用地方性法规的规定，认为应当适用部门规章的，应当决定在该地方适用部门规章的规定。（　）
15.（2020年）宪法最有最高法律效力。（　）

项目二

认识会计法律制度

学习指导

1985年1月21日第六届全国人民代表大会常务委员会第九次会议通过了《中华人民共和国会计法》，根据1993年12月29日第八届全国人民代表大会常务委员会第五次会议《关于修改〈中华人民共和国会计法〉的决定》第一次修正；1999年10月31日第九届全国人民代表大会常务委员会第十二次会议修订；根据2017年11月4日第十二届全国人民代表大会常务委员会第三十次会议《关于修改〈中华人民共和国会计法〉等十一部法律的决定》第二次修正；根据2024年6月28日第十四届全国人民代表大会常务委员会第十次会议《关于修改〈中华人民共和国会计法〉的决定》第三次修正，自2024年7月1日起施行。

本项目基本结构框架

本项目基本结构框架，如图2-1所示。

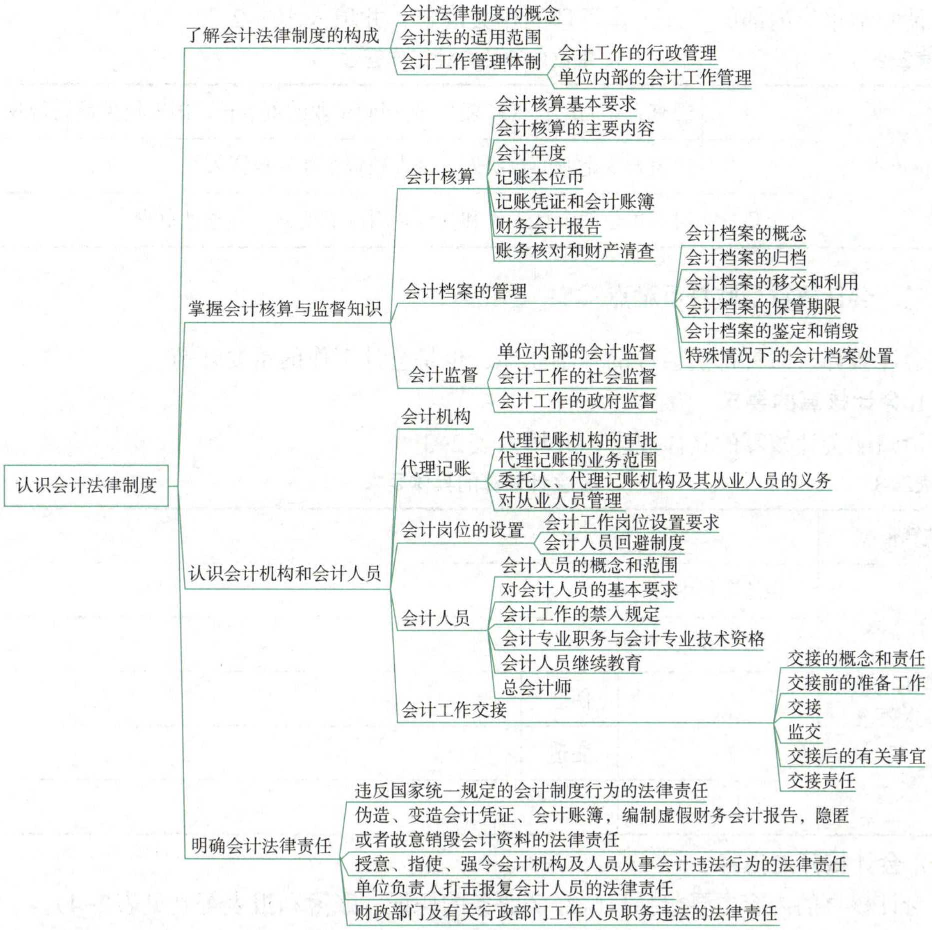

图2-1　本项目基本结构框架图

本项目重难点与业务处理总结

一、会计法律制度重难点

请归纳会计法律制度不同形式下的制定机关和主要表现形式，并填入表2-1。

表2-1 会计法律制度

内容	制定机关	主要表现形式
会计法律		
会计行政法规		
国家统一的会计制度		

二、会计工作管理体制重难点

我国会计工作管理体制的总原则是统一领导、分级管理，它主要包括会计工作的行政管理和单位内部的会计工作管理。

请归纳单位内部的会计工作管理的相关规定，并填入表2-2。

表2-2 单位内部的会计工作管理

<table>
<tr><td rowspan="3">单位负责人</td><td></td><td>国有企业的厂长（经理）；公司制企业的董事长；国家机关最高行政长官</td></tr>
<tr><td></td><td>代表合伙企业的合伙人；个人独资企业的投资人</td></tr>
<tr><td colspan="2">单位负责人对本单位的会计工作和会计资料的真实性、完整性负责</td></tr>
</table>

三、会计核算与监督重难点

会计核算与监督都是会计的基本职能，也是会计工作的重要环节。

1. 会计核算的要求

请归纳会计核算的具体要求，并填入表2-3。

表2-3 会计核算的具体要求

<table>
<tr><td>核算依据</td><td colspan="3"></td></tr>
<tr><td rowspan="5">对会计资料的基本要求</td><td>会计资料内容</td><td colspan="2"></td></tr>
<tr><td>基本要求</td><td colspan="2"></td></tr>
<tr><td rowspan="2">区别</td><td>伪造</td><td></td></tr>
<tr><td>变造</td><td></td></tr>
<tr><td>会计电算化</td><td colspan="2"></td></tr>
</table>

2. 会计核算的内容

会计核算的内容主要包括反映经济业务的凭证、账簿和报表等（见表2-4）。

表2-4 凭证、账簿和报表

<table>
<tr><td>关于依据</td><td colspan="2">在会计信息处理流程中，前一环节是后一环节的依据，但必须有“审核”二字才能判断为正确</td></tr>
<tr><td>会计核算基本要求</td><td colspan="2"></td></tr>
<tr><td>会计核算的内容</td><td colspan="2"></td></tr>
<tr><td>会计年度</td><td colspan="2"></td></tr>
<tr><td>记账本位币</td><td colspan="2"></td></tr>
<tr><td>会计凭证</td><td colspan="2">会计凭证按其用途和填制程序不同，可分为原始凭证和记账凭证两类</td></tr>
<tr><td>会计账簿</td><td colspan="2"></td></tr>
<tr><td rowspan="2">财务会计报告</td><td>组成</td><td></td></tr>
<tr><td>对外提供</td><td></td></tr>
<tr><td>账务核对</td><td colspan="2"></td></tr>
</table>

3. 会计档案管理

2015年12月11日，财政部、国家档案局令第79号对《会计档案管理办法》进行了修订，自2016年1月1日起施行。2020年3月23日，财政部、国家档案局颁布了《关于规范电子会计凭证报销入账归档的通知》（财会〔2020〕6号）。

请归纳会计档案管理的相关规定，并填入表2-5。

表2-5 会计档案管理

归档范围		【注意】银行存款余额调节表、银行对账单属于其他会计档案。财务预算、计划、制度等不属于会计档案
管理部门		财政部门和档案行政管理部门
归档要求		【注意】出纳人员不得兼管会计档案。单位会计档案不得借出，如有特殊需要，经本单位负责人批准后可以提供查阅或者复制
保管期限		
销毁	程序	
	不得销毁	
特殊情况下的会计档案处置	单位分立	
	单位合并	
	建设单位项目建设	
	单位之间交接	
	单位因撤销、解散、破产或其他原因终止时	

4. 会计监督

目前，我国的会计监督体系包括单位内部监督、以政府财政部门为主体的政府监督和以注册会计师为主体的社会监督。

请归纳三类会计监督的主体和对象，并填入表2-6。

表2-6　三类会计监督的主体和对象

监督种类		主体	对象
单位内部会计监督			
外部监督	政府监督		
	社会监督		

四、会计机构和会计人员

1. 会计机构和会计人员的相关规定

请归纳会计机构和会计人员的相关规定，并填入表2-7。

表2-7　会计机构和会计人员

会计机构	设置	
	不设置	（1） （2） （3）
代理记账	审批	
	业务范围	
	委托人应当履行的义务	
	代理记账机构及其从业人员应当履行的义务	
	管理	
会计岗位	具体岗位	
	不属于会计岗位	
	设置原则	
会计人员回避制度	适用范围	
	规定	
	直系亲属范围	
会计人员任职资格	会计	
	会计机构负责人（会计主管人员）	
	总会计师	
会计工作的禁入规定	终身不得从事	
	5年内不得从事	

续表

会计专业职称	初级职称	
	中级职称	
	高级职称	
会计人员继续教育	参加人员	
	开始时间	
	教育内容	
	学分制管理	
	成绩的应用	

2. 会计工作交接的相关规定

请归纳会计工作交接的相关规定，并填入表2-8。

表2-8　　会计工作交接

会计人员工作交接	交接范围		
	程序	监交	
		交接后	
	责任		

五、会计法律责任

请归纳会计法律责任的形式和内容，并填入表2-9和表2-10。

表2-9　　十项违法会计行为及应承担的法律责任

违法行为	法律责任
(1) 未按规定填制、取得原始凭证或原始凭证不符合规定	
(2) 以未经审核的会计凭证为依据登记账簿或登记账簿不符合规定	
(3) 不依法设置账簿	
(4) 私设账簿（账外账、小金库、两本账）	
(5) 向不同的使用者提供的财务会计报告编制依据不一致	

续表

违法行为	法律责任
(6) 未按规定保管会计资料，致使会计资料毁损、灭失	
(7) 随意变更会计处理方法	
(8) 未按规定使用会计记录文字和记账本位币	
(9) 未按规定建立并实施单位内部会计监督制度，拒绝依法实施监督，或不如实提供有关会计资料及有关情况	
(10) 任用会计人员不符合规定	
【注意】与“税”有关的不属于违法会计行为	

表2-10　**其他违法会计行为及应承担的法律责任**

违法行为	法律责任
伪造、变造会计凭证、会计账簿，编制虚假财务会计报告，隐匿或者故意销毁会计资料的法律责任	
授意、指使、强令会计机构及人员从事会计违法行为的法律责任	
单位负责人打击报复会计人员的法律责任	
财政部门及有关行政部门工作人员职务违法的法律责任	

同步训练

基础知识训练

一、单项选择题

1.（2024年）下列各项中，属于伪造会计资料的是（　　）。

A. 杨某对有误的会计凭证进行更正并盖章

B. 谢某以虚假的经济业务为前提填制发票

C. 叶某对本公司所开具信息不完整的发票如实填写完整

D. 胡某涂改发票的金额

2.（2024年）会计人员冯某将所经管的全部会计资料移交给接替人员李某，会计机构负责人朱某监交。事后李某发现该会计资料的真实性、合法性存在问题。下列人员中，应对该会计资料的真实性、合法性承担法律责任的是（　　）。

A.冯某　　B.李某　　C.冯某和李某　　D.朱某

3.（2023年）根据会计工作管理体制的相关规定，代表国家对会计工作行使管理职能的政府部门是（　　）。

A.市场监督管理部门　　B.财政部门

C.审计部门　　D.税务部门

4.（2023年）根据会计法律制度的规定，下列关于会计档案管理的表述中，正确的是（　　）。

A. 会计档案的保管期限从会计年度的最后一天算起

B. 单位的预算方案属于会计档案

C. 当年形成的会计档案，可由单位会计管理机构临时保管4年

D. 单位会计管理机构临时保管会计档案期间出纳人员不得兼管会计档案

5.（2023年）根据会计法律制度的规定，下列会计档案中，最低保管期限为10年的是（　　）。

A.半年度财务会计报告　　B.会计档案鉴定意见书

C.固定资产卡片　　D.银行存款日记账

6.（2023年）根据会计法律制度的规定，下列关于会计工作岗位设置的表述中，不正确的是（　　）。

A. 档案管理部门的人员管理会计档案属于会计岗位

B. 会计人员的工作岗位应当有计划地进行轮换

C. 出纳人员不得兼任债权债务账目的登记工作

D. 会计工作岗位可以一岗多人

7.（2023年）下列关于总会计师的表述中，正确的是（　　）。

A. 总会计师是单位负责人

B. 所有大、中型企业必须设置总会计师

C. 总会计师由具有会计师以上专业技术资格的人员担任

D. 总会计师直接对单位审计机构负责

8.（2023年）张某为事业单位会计机构负责人，其妻子是该单位的会计人员，张某的妻子不得担任的岗位是（　　）。

A.出纳　　B.稽核　　C.经营成果核算　　D.成本核算

9.（2023年）会计人员伪造会计凭证尚不构成犯罪的，一定期限内不得从事会计工作，该期限为（　　）。

A.5年　　B.10年　　C.1年　　D.15年

10.（2023年）单位负责人对依法履行职责、抵制违反《中华人民共和国会计法》规定行为的会计人员实行打击报复，尚不构成犯罪的，（　　）。

A. 处3年以下有期徒刑

B. 处3年以下拘役

C. 由其所在单位或者有关单位依法给予行政处罚

D. 由其所在单位或者有关单位依法给予行政处分

11.（2022年）下列英国M公司会计记录使用文字的表述中，正确的是（　　）。

A. 可以任意选择使用一种文字

B. 经当地财政部门批准后可以只使用外国文字

C. 应当使用中文并可以同时使用一种外国文字

D. 只能使用中文

12.（2022年）甲公司财务人员赵某取得一张原始凭证，下列各项中，不属于该原始凭证具备的内容的是（　　）。

A. 填制凭证的日期　　B. 凭证编号

C. 接受凭证单位的名称　　D. 经办人员的签名或者盖章

13.（2022年）根据会计法律制度的规定，下列关于原始凭证的表述中，正确的是（　　）。

A. 原始凭证必须来源于单位外部

B. 除日期外，原始凭证记载的内容不得涂改

C. 对不真实的原始凭证，会计人员有权拒绝接受

D. 原始凭证金额有错误的，应当由出具单位更正并加盖印章

14.（2022年）甲公司下列会计档案临时保管的管理制度中，符合法律规定的是（　　）。

A. 在会计年度终了后，当年形成的会计档案可由会计机构临时保管

B. 因工作需要并经会计机构负责人同意，可推迟移交会计档案给档案管理部门保管

C. 临时保管期间，任何会计人员都可以兼管会计档案

D. 会计机构临时保管会计档案最长不超过5年

15.（2022年）根据会计法律制度的规定，下列企业会计档案中，需要永久保管的是（　　）。

A. 原始凭证　　B. 会计档案移交清册

C. 总账　　D. 会计档案保管清册

16.（2022年）甲代理记账机构招聘主管代理记账业务的负责人。下列人员中，符合该职位条件的是（　　）。

A. 具有会计师专业技术职务资格的专职从业人员钱某

B. 从事会计工作2年的专职从业人员李某

C. 具有助理会计师专业技术职务资格的专职从业人员赵某

D. 从事会计工作5年的兼职从业人员孙某

17.（2022年）甲公司会计人员赵某因病离职。关于赵某办理会计工作移交前的准备工作的下列表述中，不正确的是（　　）。

A. 为保护商业秘密，应在移交清册中仅列明会计软件但不列明密码

B. 尚未登记的库存现金日记账，应当登记完毕并在最后一笔余额后加盖其印章

C. 整理应该移交的各项资料并应对未了事项写出书面材料

D. 已经受理的销售人员差旅费报销业务尚未填制报销单的，应当填制完毕

18.（2022年）下列关于会计工作交接的表述中，不正确的是（　　）。

A. 会计工作交接后，接替人员可以自行另立新账

B. 交接双方应当按移交清册逐项移交，核对点收

C. 交接双方和监交人应当在移交清册上签名或者签章

D. 一般会计人员办理交接手续，由会计机构负责人或者会计主管人员监交

19.（2022年）发生下列情形的会计人员中，应终身禁止从事会计工作的是（　　）。

A. 因伪造会计凭证被县财政部门通报的李某

B. 因变造会计账簿被处以3万元罚款的孙某

C. 因授意会计人员编制虚假财务会计报告被所在单位撤职的王某

D. 因隐匿财务会计报告被依法追究刑事责任的陈某

20.（2021年）根据会计法律制度的规定，下列关于会计专业技术人员继续教育的表述中，正确的是（　　）。

A. 每年参加继续教育应取得不少于120学分

B. 参加继续教育当年度取得的学分可以结转以后年度

C. 用人单位不得将参加继续教育情况作为会计专业技术人员岗位聘用的依据

D. 具有会计专业技术资格的，应当自取得资格次年开始参加继续教育

二、多项选择题

1.（2024年）下列经济业务事项中，应办理会计手续、进行会计核算的有（　　）。

A. 买卖合同的签订　　B. 资金计划的制定

C. 无形资产的购入　　D. 所得税的计提

2.（2024年）下列会计档案中，最低保管期限为30年的有（　　）。

A. 银行存款余额调节表　　B. 总账

C. 会计档案保管清册　　D. 原始凭证

3.（2024年）需要在会计档案销毁清册上签署意见的有（　　）。

A. 会计管理机构的负责人　　B. 单位负责人

C. 会计管理机构的经办人　　D. 档案管理机构的负责人

4.（2024年）下列关于会计工作岗位设置的表述中，正确的有（　　）。

A. 档案管理部门的人员管理会计档案属于会计岗位

B. 会计人员的工作岗位应当有计划地进行轮换

C. 出纳人员不得兼任债权债务账目的登记工作

D. 会计工作岗位可以一岗多人

5.（2023年）根据会计法律制度的规定，下列各项中，属于记账凭证必须具备的内

容的有（ ）。

A.金额 B.会计机构负责人签名

C.单价 D.数量

6.（2023 年）下列各项中，属于账务核对的有（ ）。

A.账实核对 B.账证核对 C.账账核对 D.证证核对

7.（2023 年）根据会计法律制度的规定，企业下列人员中，应当在对外提供的财务会计报告上签名并盖章的有（ ）。

A.单位负责人 B.主管会计工作的负责人

C.会计机构负责人 D.财务会计报告编制人

8.（2023 年）根据会计法律制度的规定，下列各项中，属于会计档案的有（ ）。

A.记账凭证 B.银行存款余额调节表

C.财务预算表 D.财务会计报告

9.（2023 年）根据会计法律制度的规定，不属于代理记账机构及其从业人员应当履行的义务有（ ）。

A. 对执行代理记账业务中知悉的商业秘密予以保密

B. 配备专人负责日常货币收支和保管

C. 对委托人提出的有关会计处理相关问题予以解释

D. 填制符合国家统一会计制度规定的原始凭证

10.（2022 年）甲公司会计人员王某填制了一张收款凭证，该凭证必须具备的内容有（ ）。

A.经济业务摘要 B.所附原始凭证张数

C.单价 D.出纳人员签名或盖章

11.（2022 年）甲公司 2021 年度的下列财务会计报告的构成中，符合会计法律制度要求的有（ ）。

A. 2021 上半年度财务会计报告包括会计报表、会计报表附注、财务情况说明书

B. 2021 年第 8 月度财务会计报告仅由资产负债表和利润表组成

C. 2021 年第二季度会计报表仅由现金流量表和利润表组成

D. 2021 年度会计报表包括资产负债表、利润表、现金流量表及相关附表

12.（2022 年）根据会计法律制度的规定，下列关于单位之间会计档案交接的表述中，正确的有（ ）。

A. 电子会计档案应当与其元数据一并移交

B. 档案接收单位应当对保存电子会计档案的载体及其技术环境进行检验

C. 交接双方的单位有关负责人负责监督会计档案交接

D. 交接双方经办人和监督人应当在会计档案移交清册上签名或盖章

13.（2022 年）2022 年 3 月甲公司成立，设置会计机构并配备会计人员。甲公司会计人员的下列工作岗位设置中，符合法律规定的有（ ）。

A. 具有会计师专业技术职务资格的王某担任会计机构负责人

B. 具有初级会计专业技术资格的郑某担任工资核算和成本费用核算工作

C. 刚毕业的会计专业学生张某担任出纳和会计档案保管工作

D. 从事会计工作15年的高级会计师李某担任总账报表和稽核工作

14.（2021年）下列政府部门中，依照法定的职责和权限，可以对有关单位的会计资料实施监督检查的有（　　）。

A. 审计机关　　B. 税务机关　　C. 人民银行　　D. 财政部门

15.（2021年）根据会计法律制度的规定，下列经济业务事项中，应当办理会计手续，进行会计核算的有（　　）。

A. 固定资产的购入　　B. 资金计划的制定

C. 销售合同的签订　　D. 资本公积的形成

16.（2021年）根据会计法律制度的规定，下列各项中，属于会计岗位的有（　　）。

A. 财务成果核算　　B. 档案管理部门的会计档案管理

C. 会计机构负责人　　D. 单位内部审计

17.（2021年）M市财政部门对甲公司会计资料检查时，发现甲公司以虚假的经济业务编制了会计凭证和会计账簿，并据此编制了财务会计报告。下列会计违法行为中，甲公司涉及的有（　　）。

A. 变造会计凭证　　B. 编制虚假财务会计报告

C. 伪造会计凭证　　D. 伪造会计账簿

18.（2020年）根据会计法律制度的规定，下列各项工作中，属于总会计师组织领导本单位会计工作职责的有（　　）。

A. 成本管理　　B. 预算管理　　C. 财务管理　　D. 会计核算

19.（2020年）下列关于会计人员回避制度的表述中，正确的有（　　）。

A. 单位负责人的直系亲属不得担任本单位的会计机构负责人

B. 单位负责人的直系亲属不得担任本单位的出纳工作

C. 会计机构负责人的直系亲属不得担任本单位的出纳工作

D. 出纳不得兼任稽核、会计档案保管和债权债务的账目登记工作

20.（2020年）根据会计法律制度的规定，下列职务中，属于不相容职务的有（　　）。

A. 业务经办与稽核检查　　B. 会计记录与财产保管

C. 授权批准与监督检查　　D. 业务经办与会计记录

三、判断题

1.（2024年）德国M公司在中国境内设立的子公司，可以同时使用中文和德文进行会计记录。（　　）

2.（2024年）企业保管期满但未结清的债务会计凭证可以在销毁清册中列明后销毁。（　　）

3.（2024年）委托人委托代理记账机构代理记账，可以订立口头委托合同。

（　　）

4.（2024年）代理记账机构可以接受委托人的委托对外提供审计报告。（　）

5.（2024年）提供虚假财务报表并且受到刑事处罚的会计人员田某，可以继续任职财务人员。（　）

6.（2023年）在中国境内的外商投资企业、外国企业和其他外国组织的会计记录可以只使用一种外国文字。（　）

7.（2023年）不具备会计师以上专业技术职务资格的，不得担任会计机构负责人。（　）

8.（2022年）甲为国有企业会计机构负责人，其双胞胎弟弟可以在本单位任职出纳。（　）

9.（2021年）单位分立后原单位解散的，其会计档案应当销毁。（　）

10.（2021年）会计工作的单位内部监督对象是各单位的会计机构和会计人员。（　）

11.（2021年）企业可以用银行对账单代替日记账。（　）

12.（2021年）启用订本式账簿，应当从第一页到最后一页顺序编号，不得跳页、缺号。（　）

13.（2021年）会计档案鉴定工作应当由单位会计机构牵头，组织单位审计、纪检监察等机构或人员共同进行。（　）

14.（2020年）业务经办人可以兼管稽核。（　）

15.（2020年）单位内部会计监督的对象是本单位的经济活动。（　）

16.（2019年）从事会计工作2年且具有助理会计师专业技术资格的王某，可担任单位会计机构负责人。（　）

17.（2019年）原始凭证记载的各项内容均不得涂改。（　）

18.（2019年）代理记账机构可以接受委托人的委托向税务机关提供税务资料。（　）

19.（2019年）以人民币以外的货币作为记账本位币的单位，编制财务会计报表时应当折算为人民币。（　）

20.（2019年）单位会计管理机构临时保存会计档案的期限是3年。（　）

案例分析训练

【业务案例2-1】2024年1月，甲公司一批会计档案保管期满，其中有尚未结清的债权债务原始凭证。甲公司档案管理机构请会计机构负责人张某及相关人员在会计档案销毁清册上签署意见，将该批会计档案全部销毁。

2024年9月，出纳郑某调离，与接替其工作的王某办理了会计工作交接。

2024年12月，为完成利润指标，会计机构负责人张某采取虚增营业收入等方法，调整了财务会计报告，并经法定代表人周某同意，向乙公司提供了未经审计的财务会计报告。

要求：根据上述资料，不考虑其他因素，分析回答下列小题。

1.关于甲公司销毁会计档案的下列表述中，正确的是（　　）。

A.档案管理机构负责人应在会计档案销毁清册上签署意见

B.法定代表人周某应在会计档案销毁清册上签署意见

C.会计机构负责人张某不应在会计档案销毁清册上签署意见

D.保管期满但未结清的债权债务原始凭证不得销毁

2.下列关于会计人员郑某与王某交接会计工作的表述中，正确的是（　　）。

A.郑某与王某应按移交清册逐项移交，核对点收

B.应由会计机构负责人张某监交

C.移交完毕，郑某与王某及监交人应在移交清册上签名或盖章

D.移交完毕，王某可自行另立新账进行会计记录

3.下列关于甲公司向乙公司提供财务会计报告的表述中，正确的是（　　）。

A.财务会计报告经注册会计师审计后才能对乙公司提供

B.会计机构负责人张某应在财务会计报告上签章

C.主管会计工作的负责人应在财务会计报告上签章

D.法定代表人周某应在财务会计报告上签章

4.下列关于会计机构负责人张某采取虚增营业收入等方法调整财务会计报告行为性质及法律后果的表述中，正确的是（　　）。

A.可对张某处以罚款　　B.该行为属于编制虚假财务会计报告

C.张某在5年内不得从事会计工作　　D.可对张某处以行政拘留

【业务案例2-2】甲公司2025年3月公开招聘会计机构负责人，录用张某接替即将退休的会计机构负责人陈某。张某与陈某办理工作交接后，法定代表人刘某安排张某梳理检查公司的会计工作。在检查中，张某发现出纳王某错账更正的方法有误，账簿金额“78 900”被误登记为“79 800”，王某仅划红线更正了登记错误的百位和千位数字。张某指出此处的不当后，王某改正了此项登记。检查完毕后，甲公司会计机构将临时保管期限届满的会计档案移交给公司档案管理机构保管。

要求：根据上述资料，不考虑其他因素，分析回答下列小题。

1.张某具备的下列条件中，使其满足会计机构负责人任职资格的法定条件是（　　）。

A.注册会计师资格　　B.会计师专业技术职务资格

C.会计专业硕士学位　　D.2年会计工作经历

2.张某与陈某办理工作交接手续的下列表述中，正确的是（　　）。

A.陈某应将甲公司全部财务会计工作、会计人员的情况等向张某详细介绍

B.应由刘某负责监交

C.交接完毕后，张某、陈某和刘某应在移交清册上签名或盖章

D.对需要移交的遗留问题，陈某应写出书面材料

3.下列账簿登记的改正措施中，王某应采用的是（　　）。

A.在原更正处，补充加盖王某个人印章

B. 将错误数字“79 800”全部重新划红线更正，并在更正处加盖王某个人印章

C. 将错误数字“79 800”全部清除字迹后填上正确数字，并在更正处加盖王某个人印章

D. 在原更正处，补充加盖王某个人印章和公司印章

4. 下列关于甲公司会计机构移交会计档案的表述中，正确的是（　　）。

A. 会计管理机构应编制会计档案移交清册

B. 电子会计档案移交时应将电子会计档案及其元数据一并移交

C. 公司档案管理机构接收电子会计档案时，应将其准确性、完整性、可用性和安全性进行检测

D. 纸质会计档案移交时应重新封装

项目三

认识支付结算法律制度

学习指导

2024年支付业务统计数据显示，全国支付体系运行平稳，银行账户数量、非现金支付业务量、支付系统业务量等总体保持增长。截至2024年年末，全国共开立银行账户149.51亿户；银行共办理非现金支付业务5 763.29亿笔，金额5 443.29万亿元；共开立银行卡99.13亿张，同比增长1.29%；共发生票据业务9 531.21万笔，同比增长1.89%，金额93.64万亿元，同比下降3.73%；银行共处理电子支付业务3 016.68亿笔，金额3 426.99万亿元；支付系统共处理支付业务1.42万亿笔，金额12 450.60万亿元。

本项目基本结构框架

本项目基本结构框架，如图3-1所示。

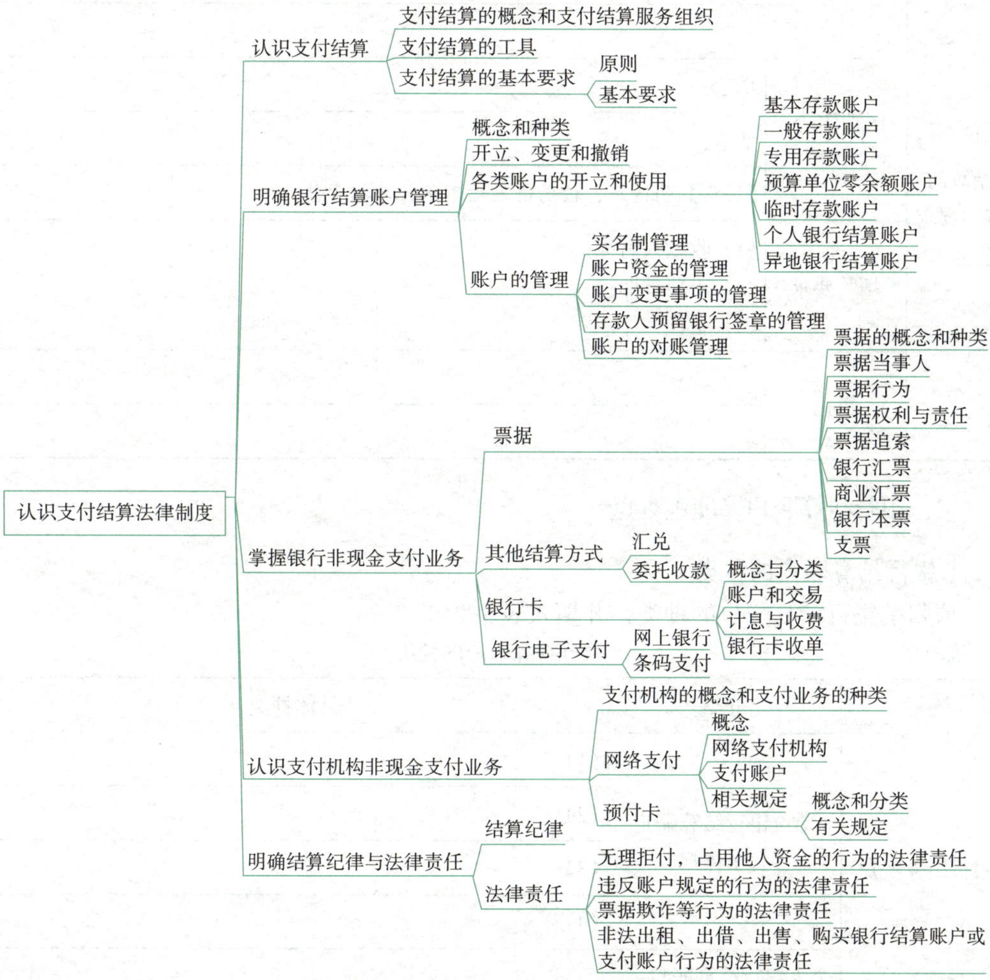

图3-1　本项目基本结构框架图

本项目重难点与业务处理总结

一、支付结算重难点

请归纳支付结算的相关规定，并填入表3-1。

表3-1 支付结算

<table>
<tr><td>概念</td><td colspan="2">转账结算（不包括使用现金）</td></tr>
<tr><td>基本原则</td><td colspan="2">（1）
（2）
（3）</td></tr>
<tr><td rowspan="10">办理支付结算的基本要求</td><td colspan="2"></td></tr>
<tr><td colspan="2"></td></tr>
<tr><td colspan="2"></td></tr>
<tr><td rowspan="3">区别伪造、变造</td><td>伪造：</td></tr>
<tr><td>变造：</td></tr>
<tr><td>【注意】伪造人、被伪造人均不承担票据责任</td></tr>
<tr><td>填写要求</td><td>（1）收款人名称：
（2）出票日期：
（3）金额：</td></tr>
<tr><td rowspan="2">更正</td><td></td></tr>
<tr><td></td></tr>
</table>

二、银行结算账户管理重难点

1. 银行结算账户的种类

请归纳银行结算账户的种类，并填入表3-2。

表3-2 银行结算账户的种类

<table>
<tr><th>项目</th><th>分类</th><th>具体种类</th></tr>
<tr><td rowspan="5">银行结算账户</td><td rowspan="4">单位银行结算账户（含个体户）</td><td>（1）</td></tr>
<tr><td>（2）</td></tr>
<tr><td>（3）</td></tr>
<tr><td>（4）</td></tr>
<tr><td colspan="2">个人银行结算账户</td></tr>
</table>

2. 企业与非企业法人在开户制度上的区别

请归纳企业与非企业法人在开户制度上的区别，并填入表3-3。

表3-3　企业与非企业法人在开户制度上的区别

项目	非企业法人	企业
核准制账户		
开户许可证		
生效日		

3. 各类银行结算账户

请归纳各类银行结算账户的有关规定，并填入表3-4。

表3-4　各类银行结算账户

基本存款账户	使用范围	
	开户资格	
	备注	
一般存款账户	使用范围	
	备注	
专用存款账户	概念	
预算单位零余额账户	开户程序	
	开户要求	
	使用规定	
	账户管理	

续表

临时存款账户	适用范围	
	使用规定	
个人银行结算账户	种类	
	开户方式	
	使用	
异地银行结算账户	适用范围	
【注意】主要围绕各账户的使用范围及规定进行考核，重点关注是否可以存取现金		

4. 各类专用存款账户

请归纳各类专用存款账户的使用规定，并填入表3-5。

表3-5　　各类专用存款账户的使用规定

各类专用存款账户	使用规定
单位银行卡账户	
(1) 证券交易结算资金账户 (2) 期货交易保证金账户 (3) 信托基金账户	
(1) 基本建设资金账户 (2) 更新改造资金账户 (3) 政策性房地产开发资金账户	
(1) 粮、棉、油收购资金账户 (2) 社会保障基金账户 (3) 住房基金账户 (4) 党、团、工会经费账户	
收入汇缴账户	
业务支出账户	

三、银行非现金支付业务重难点

1. 票据的一般规定

请归纳票据的一般规定，并填入表3-6。

表3-6　　票据的一般规定

<table>
<tr><td rowspan="3">当事人</td><td colspan="3">基本当事人：</td></tr>
<tr><td colspan="3">非基本当事人：</td></tr>
<tr><td colspan="3">【注意】(1) 结合具体票据理解；(2) 当事人的双重身份，如汇票付款人在承兑后为承兑人</td></tr>
<tr><td rowspan="5">票据权利</td><td colspan="2">付款请求权</td><td></td></tr>
<tr><td colspan="2">追索权</td><td></td></tr>
<tr><td colspan="2">取得票据权利</td><td></td></tr>
<tr><td colspan="2">失票救济</td><td>【注意】(1) 可以挂失止付的票据：已承兑的商业汇票、支票、填明“现金”字样和代理付款人的银行汇票、填明“现金”字样的银行本票。(2) 向“票据支付地”人民法院申请公示催告</td></tr>
<tr><td colspan="2">权利的时效</td><td></td></tr>
<tr><td rowspan="15">票据行为</td><td rowspan="2">出票</td><td>记载事项</td><td></td></tr>
<tr><td>签章</td><td></td></tr>
<tr><td rowspan="9">背书</td><td>种类</td><td></td></tr>
<tr><td>记载事项</td><td></td></tr>
<tr><td>粘单</td><td></td></tr>
<tr><td>背书连续</td><td></td></tr>
<tr><td>附条件</td><td></td></tr>
<tr><td>部分背书</td><td></td></tr>
<tr><td>限制背书</td><td></td></tr>
<tr><td>期后背书</td><td></td></tr>
<tr><td colspan="2">【注意】“条件、部分、限制、期后”背书，统称不得进行的背书</td></tr>
<tr><td rowspan="4">承兑</td><td>适用范围</td><td></td></tr>
<tr><td>提示承兑</td><td></td></tr>
<tr><td>受理承兑</td><td></td></tr>
<tr><td>附条件</td><td></td></tr>
</table>

续表

票据行为	保证	记载事项	【注意】保证人未在票据或粘单上记载“保证”字样而另行签订保证合同或保证条款“不属于票据保证”
		保证责任	
		附条件	
		保证效力	
追索	被追索人		
	追索内容		

2. 汇票、本票和支票

请归纳汇票、本票和支票的相关规定，并填入表3-7。

表3-7　　汇票、本票和支票

银行汇票	出票	【注意】(1) 必须记载事项共计七项，与本票和支票进行区分。本票无“付款人名称”，支票无“收款人名称”。(2) 无条件支付的“承诺”	
	实际结算金额		
	提示付款		
商业汇票	出票		
	付款	付款期限	
		提示付款期限	
		持票人未按规定期限提示付款，在作出说明后，承兑人或者付款人仍应当继续对持票人承担付款责任	
	贴现	计算	
		其他	贴现到期不获付款，贴现银行可从贴现申请人的存款账户直接收取票款
本票	出票		
	付款		
支票	出票	记载事项：	
		授权补记事项： 【注意】未补记前不得背书转让和提示付款	
		签发要求：	
		罚则：	
	付款		

3. 其他结算方式

请归纳其他结算方式的相关规定，并填入表3-8。

表3-8　其他结算方式

汇兑	单位、个人、同城、异地均可使用		
汇兑	汇款回单		
汇兑	收账通知		
汇兑	撤汇		
汇兑	退汇		
委托收款	适用范围	1.	
委托收款	适用范围	2.	
委托收款	办理程序	1. 签发委托收款凭证	
委托收款	办理程序	2. 委托	
委托收款	办理程序	3. 付款	

4. 银行卡

请归纳银行卡的相关规定，并填入表3-9。

表3-9　银行卡

分类	是否可以透支		按是否向发卡银行交存备用金	
分类	是否可以透支			
分类	信息载体			
分类	使用对象			
分类	币种			
信用卡特征				
贷记卡特征				
发卡银行追偿途径				

5. 银行电子支付

请归纳银行电子支付的相关规定，并填入表3-10。

表3-10 银行电子支付

<table>
<tr><th>种类</th><th colspan="2">具体规定</th></tr>
<tr><td>网上银行</td><td colspan="2"></td></tr>
<tr><td rowspan="4">条码支付</td><td>分类</td><td></td></tr>
<tr><td>交易验证</td><td></td></tr>
<tr><td>商户管理</td><td></td></tr>
<tr><td>风险管理</td><td></td></tr>
</table>

四、支付机构非现金支付业务

1. 网络支付机构

请归纳两类网络支付机构的相关规定，并填入表3-11。

表3-11 两类网络支付机构

分类	具体规定
金融型	【注意】（1）无担保功能；（2）侧重服务于企业端
互联网型	【注意】（1）有担保功能；（2）侧重服务于个人消费端

2. 支付账户

请将支付账户的开户要求填入表3-12。

表3-12　支付账户的开户要求

考点	具体要求
实名制管理	
签订协议	
核实开户意愿	

3. 个人支付账户的分类及功能

请将个人支付账户的分类及功能填入表3-13。

表3-13　个人支付账户的分类及功能

项目类型	Ⅰ类	Ⅱ类	Ⅲ类
转账			
消费			
购买投资理财等			

【提示】Ⅰ类账户的限额“包括”支付账户向客户本人同名银行账户转账；Ⅱ、Ⅲ类账户的限额“不包括”支付账户向客户本人同名银行账户转账。

4. 预付卡

请归纳预付卡的相关规定，并填入表3-14。

表3-14　预付卡

项目	记名卡	不记名卡
区分标准		
单张限额		
挂失		
赎回		
有效期		
提供身份证		
使用信用卡购买及充值		×
转账购买		
转账充值		
使用规定		
发卡机构的资金管理		

同步训练

基础知识训练

一、单项选择题

1.（2024年）2024年1月11日冯某向王某签发一张支票，该支票出票日期的正确填写方式是（　　）。

A.贰零贰肆年壹月拾壹日　　B.贰零贰肆年零壹月拾壹日

C.贰零贰肆年零壹月壹拾壹日　　D.贰零贰肆年壹月壹拾壹日

2.（2024年）下列银行结算账户中，自开立之日即可办理收付款业务的是（　　）。

A. 乙公司的基本存款账户

B. 丙市第一中学因其他结算开立的一般存款账户

C. 丁武警支队开立的临时存款账户

D. 甲市民政局的专用存款账户

3.（2024年）下列各项中，属于无效背书的是（　　）。

A. 未记载背书日期

B. 转让票据金额50%的背书

C. 背书时在票据上记载“不得转让”字样

D. 背书时在票据上记载“违约金10 000元”

4.（2024年）根据票据法律制度的规定，下列各项中，可以成为票据保证人的是（　　）。

A.乙学校　　B.甲工会　　C.丙医院　　D.丁运输公司

5.（2024年）下列取得票据的情形中，持票人不享有票据权利的是（　　）。

A.李某以欺诈手段取得转账支票　　B.钱某提供劳务取得现金支票

C.孙某转让财产取得银行本票　　D.赵某销售货物取得银行汇票

6.（2024年）下列各项中，不属于票据丧失后可以采取的补救措施的是（　　）。

A.普通诉讼　　B.挂失止付　　C.公示催告　　D.登报声明

7.（2024年）甲银行收到一张出票金额为100万元，实际结算金额为90万元的银行汇票，下列关于该汇票实际结算金额填写的表述中，正确的是（　　）。

A. 在汇票上填写实际结算金额90万元，填写多余金额10万元

B. 在汇票上填写实际结算金额100万元，填写多余金额10万元

C. 在汇票上填写实际结算金额90万元，不填写多余金额

D. 在汇票上填写实际结算金额100万元，不填写多余金额

8.（2024年）下列公司中，可以作为电子银行承兑汇票的承兑人的是（ ）。

A.甲航空公司 B.丙钢铁公司 C.乙财务公司 D.丁房地产公司

9.（2024年）支票的下列记载事项中，可由出票人授权补记的是（ ）。

A.收款人名称 B.付款行名称 C.出票日期 D.出票人账号

10.（2024年）下列以汇兑方式结算的款项中，汇款人可以申请撤销的是（ ）。

A.收款人拒绝接收的款项 B.汇出银行已经汇出的款项

C.汇出银行尚未汇出的款项 D.汇入银行已发出收账通知的款项

11.（2024年）下列关于记名预付卡的表述中，正确的是（ ）。

A.不可赎回 B.卡内资金无限额

C.不得设置有效期 D.不能挂失

12.（2023年）甲公司为支付货款向乙公司签发一张支票，下列记载事项中，可以更改的是（ ）。

A.出票日期 B.出票金额 C.收款人名称 D.付款人名称

13.（2023年）根据支付结算法律制度的规定，Ⅱ类个人银行结算账户中非绑定账户转入资金，存入现金日累计限额合计金额为（ ）万元。

A.3 B.1 C.5 D.2

14.（2023年）下列关于存款人银行结算账户管理的表述中，不符合法律规定的是（ ）。

A.除法律、行政法规另有规定外，存款人应以实名开立银行结算账户

B.存款人不得出租银行结算账户

C.存款人可以出借银行结算账户

D.存款人不得利用银行结算账户套取银行信用

15.（2023年）甲公司向乙公司采购原材料，使用银行承兑汇票支付货款，经开户行P银行对汇票进行承兑后交付给乙公司，乙公司的开户行为Q银行。下列关于该票据当事人的表述中，正确的是（ ）。

A.收款人是乙公司 B.付款人是甲公司

C.保证人是Q银行 D.出票人是P银行

16.（2023年）甲公司向乙公司签发了一张支票，用于支付货款，乙公司将该支票背书转让给丙公司，但未在被背书人栏记载丙公司名称，丙公司自行填制并向其开户银行P银行委托收款。下列表述中，正确的是（ ）。

A. P银行应不予受理

B.丙公司自行填制与乙公司记载具有同等法律效力

C.丙公司票据权利丧失

D.甲公司不再承担票据责任

17.（2023年）根据支付结算法律制度的规定，持票人对前手的再追索权，自清偿日或者被提起诉讼之日起（ ）个月。

A.9 B.3 C.2 D.6

18.（2023年）根据支付结算法律制度的规定，风险防范能力达到D级，使用静

态条码的，同一客户单个银行账户或所有支付账户单日累计交易金额应不超过（　　）元。

A.5 000　　B.1 000　　C.500　　D.2 000

19.（2023年）根据支付结算法律制度的规定，甲企业申请成为支付机构，从事支付业务，应经过有关机构的批准。该机构是（　　）。

A.中国人民银行　　B.财政部

C.发展和改革委员会　　D.国家互联网信息中心

20.（2022年）根据支付结算法律制度的规定，下列关于会计人员填写票据的表述中，不正确的是（　　）。

A.金额以中文大写和阿拉伯数码同时记载，两者必须一致

B.个人在票据上的签章，应为该个人本人的签名加盖章

C.收款人名称应当记载全称或规范化简称

D.出票日期应当使用中文大写

二、多项选择题

1.（2024年）甲公司的财务专用章不慎遗失，会计人员郑某向P银行申请变更预留签章。下列资料中，郑某应向P银行提供的有（　　）。

A.郑某的身份证件　　B.委托授权书

C.甲公司的营业执照正本　　D.原印鉴卡片

2.（2024年）下列关于背书连续的表述中，正确的有（　　）。

A.背书人与被背书人的签章依次前后衔接

B.最后持票人为最后背书的被背书人

C.第一背书人为票据收款人

D.中间的背书人为前手背书的被背书人

3.（2024年）2024年12月26日，甲公司持一张纸质商业汇票向乙公司提示承兑。下列关于乙公司受理并承兑该汇票的表述中，正确的有（　　）。

A.在签发收到汇票的回单上记明汇票提示承兑日期并签章

B.在承兑后披露承兑相关信息

C.承兑时在汇票上记载承兑日期并签章

D.在2024年12月31日后承兑

4.（2024年）下列各项中，属于银行本票必须记载事项的有（　　）。

A.出票日期　　B.付款人名称　　C.出票人签章　　D.确定的金额

5.（2024年）下列关于单位购买5 000元预付卡的说法中，正确的有（　　）。

A.可通过银行转账方式购买

B.可使用信用卡购买

C.可购买1张额度为5 000元的记名预付卡

D.可购买5张额度为1 000元的不记名预付卡

6.（2023年）根据支付结算法律制度的规定，属于支付结算原则的有（　　）。

A.谁的钱进谁的账，由谁支配　　B.恪守信用，履约付款
C.银行不垫款　　D.规范高效，安全便捷

7.（2023年）下列关于Ⅲ类个人银行结算账户的功能说法中，正确的有（　　）。
A.购买理财产品　　B.存取现金
C.限额向非绑定账户转账　　D.限额消费和缴费

8.（2023年）收单机构应当强化业务和风险管理措施，建立对特约商户的风险评级制度，对于风险等级较高的特约商户，收单机构应当采取的措施有（　　）。
A.强化交易监测　　B.建立特约商户风险准备金
C.设置交易限额　　D.延迟结算

9.（2022年）甲公司因购货需要向其开户银行M银行申请签发了一张银行本票，收款人为乙公司。乙公司收到银行本票后将其背书转让给丙公司。下列各项中，属于该银行本票当事人的有（　　）。
A.丙公司　　B.甲公司　　C.乙公司　　D.M银行

10.（2022年）甲公司拟签发一张电子银行承兑汇票向M银行提示承兑，其应当具备的资格条件有（　　）。
A. 未对外提供担保
B. 资信状况良好
C. 与M银行签订《电子商业汇票业务服务协议》
D. 在M银行开立存款账户

11.（2022年）甲公司作为汇票保证人，下列各项中，属于必须记载事项的有（　　）。
A.保证人签章　　B.被保证人名称
C.保证人住所　　D.表明“保证”的字样

12.（2022年）根据支付结算法律制度的规定，下列各项中，出票人是银行的有（　　）。
A.商业汇票　　B.银行汇票　　C.本票　　D.支票

13.（2022年）为方便个人结算的需要，赵某拟申请开立Ⅱ类个人银行结算账户。下列客户身份验证方式中，银行可以采用的有（　　）。
A.绑定Ⅰ类银行结算账户　　B.绑定个人信用卡账户
C.绑定非银行支付机构的支付账户　　D.绑定Ⅲ类银行结算账户

14.（2022年）关于张某拟一次性购买金额为20 000元的多用途预付卡的下列表述中，正确的有（　　）。
A. 张某可以购买4张单张金额为5 000元的记名预付卡
B. 张某应当使用实名并提供有效身份证件
C. 张某可以使用信用卡购买
D. 张某可以购买20张单张金额为1 000元的不记名预付卡

15.（2021年）郭某持一张现金支票到付款银行提示付款，应当办理的手续有（　　）。

A. 填制进账单

B. 向银行交验本人身份证件

C. 在支票背面注明身份证件名称、号码及发证机关

D. 在支票背面“收款人签章”处签章

16.（2021年）下列业务中，李某使用在P银行开通的个人网上银行可以办理的有（　　）。

A. 股票交易　　B. 外汇买卖　　C. 期货交易　　D.B2C 网上支付

17.（2021年）2020年12月15日，甲公司收到乙公司向其提示承兑的一张见票后定期付款的纸质商业承兑汇票。甲公司的下列做法中，符合法律规定的有（　　）。

A. 在汇票正面记载“承兑”字样并签章

B. 在汇票上记载付款日期为2022年12月15日

C. 在汇票上记载承兑日期为2020年12月16日

D. 向乙公司签发收到汇票的回单

18.（2021年）下列关于刘某欲向P银行申领信用卡的表述中，正确的有（　　）。

A. 应有稳定收入

B. 须年满18周岁

C. 应向P银行提供刘某的有效身份证件

D. 可委托他人代理签字申领

19.（2021年）2020年8月甲公司在P银行开立基本存款账户。甲公司申请开立下列银行结算账户时，应提供基本存款账户编号的有（　　）。

A. 因借款在Q银行开立一般存款账户

B. 因产能升级在R银行开立技术改造专用存款账户

C. 因异地临时经营在S银行开立临时存款账户

D. 因结算需要在T银行开立证券交易结算资金账户

20.（2021年）2020年5月13日，甲公司持一张出票日期为2020年3月11日、到期日为2020年9月11日、金额500万元的银行承兑汇票向P银行申请贴现。双方约定贴现利率为3%。下列关于该汇票贴现的表述中，正确的有（　　）。

A. 汇票上应未记载“不得转让”事项

B. 必须记载贴现利率3%

C. 贴现的期限自2020年3月11日起至2020年9月10日止

D. P银行应向甲公司实付贴现资金500万元

三、判断题

1.（2024年）单位或个人签发空头支票的，由其开户银行处以罚款。（　　）

2.（2024年）个人不得使用委托收款结算方式办理款项的结算。（　　）

3.（2024年）条码支付业务分为付款扫码和收款扫码。（　　）

4.（2022年）背书人未记载被背书人名称即将票据交付他人的，持票人在票据被背书人栏内记载自己的名称与背书人记载具有同等法律效力。（　　）

5.（2022年）银行汇票的背书转让金额为出票金额。（　）

6.（2021年）甲公司申请开立基本存款账户，其法定代表人应当配合银行做好开户意愿核实工作。（　）

7.（2021年）甲公司法定代表人发生变更后，应在5个工作日内书面通知开户银行并提供证明，办理账户变更手续。（　）

8.（2021年）支票、汇票、本票的出票日期应当使用阿拉伯数字记载。（　）

9.（2021年）付款人拒绝承兑商业汇票的，无须出具拒绝承兑的证明。（　）

10.（2021年）个人与个人之间的资金结算，可以使用商业汇票。（　）

11.（2021年）商业承兑汇票可以由付款人签发并承兑，也可以由收款人签发交由付款人承兑。（　）

12.（2021年）商业汇票贴现的期限从其贴现之日起至汇票到期日止。（　）

13.（2019年）付款人对银行承兑汇票可以附条件承兑。（　）

14.（2019年）票据被拒绝付款的，持票人只能按照票据债务人的先后顺序行使追索权。（　）

15.（2019年）票据伪造和票据变造是欺诈行为，应追究刑事责任。（　）

16.（2019年）通过手机银行等电子渠道受理开户申请的，银行可为开户申请人开立Ⅰ类账户。（　）

17.（2019年）新入学大学生开立交学费的个人银行结算账户，可由所在大学代理。（　）

18.（2019年）某人开出一张500万元的纸质商业汇票，该做法符合法律规定。（　）

19.（2019年）预付卡不具有透支功能。（　）

20.（2019年）付款人同出票人、持票人恶意串通签发无可靠资金来源的汇票骗取资金的，应依法追究法律责任。（　）

案例分析训练

【业务案例3-1】2025年3月9日，甲公司为支付工程款向乙公司签发并承兑一张出票后6个月付款、金额为100万元的商业汇票，丙公司在汇票上签章作了保证，但未记载被保证人名称。乙公司将该商业汇票背书转让给丁公司，用于支付货款，并记载“不得转让”字样。丁公司将该汇票背书转让给戊公司，戊公司将该汇票背书转让给己公司，己公司在提示付款期内向甲公司提示付款遭拒，遂向前手发起追索。

要求：根据上述资料，不考虑其他因素，分析回答下列小题。

1.甲公司签发商业汇票时必须在汇票上记载的事项是（　）。

A.出票日期　B.确定的金额　C.收款人　D.出票人签章

2.该汇票未记载被保证人名称，被保证人是（　）。

A.甲公司　B.乙公司　C.丙公司　D.戊公司

3. 下列关于乙公司记载“不得转让”字样法律效力的表述中，正确的是（　　）。

A. “不得转让”字样的记载具有票据法上的效力

B. 乙公司对丁公司负有保证责任

C. 乙公司对戊公司不负保证责任

D. 丁公司向戊公司转让票据的行为无效

4. 下列关于己公司行使追索权的表述中，正确的是（　　）。

A. 己公司有权向甲公司行使追索权　　B. 己公司有权向乙公司行使追索权

C. 己公司有权向丙公司行使追索权　　D. 己公司只能向戊公司行使追索权

【业务案例3-2】 甲企业的有关情况如下：

（1）2025年1月，甲企业为支付A企业的货款，向A企业签发了一张100万元的转账支票。出票日期为1月10日，付款人为乙银行。持票人A企业于1月15日到乙银行提示付款时，乙银行以出票人甲企业的存款账户资金不足100万元为由拒绝付款。

（2）2025年2月，甲企业为支付B企业的货款，向B企业签发一张出票后2个月付款的银行承兑汇票，出票日期为2月10日，金额为500万元，乙银行承兑了该汇票。

（3）2025年7月，甲企业为支付C企业的货款，向其签发了一张付款人为乙银行、未填明金额和收款人名称的转账支票，出票日期为7月10日。C企业于收到的当天，补记了金额100万元，并将本企业记载为收款人。C企业于7月15日向乙银行提示付款，乙银行以甲企业账户余额不足为由拒绝支付。

已知：甲企业上述行为均并非以骗取财物为目的。

要求：根据上述资料，不考虑其他因素，分析回答下列小题。

1. 下列各项中，关于支票的表述正确的是（　　）。

A. 单位和个人在同一票据交换区域的各种款项结算，均可以使用支票

B. 普通支票只能用于转账，不可以支取现金

C. 出票人可以在支票上记载自己为收款人

D. 支票上未记载付款地的，付款人的营业场所为付款地

2. 根据本题要点（1）所提示的内容以及票据法律制度的规定，下列表述正确的是（　　）。

A. 由乙银行处以1 000元的罚款

B. 由中国人民银行处以5万元的罚款

C. 甲企业补足资金即可，无须承担责任

D. A企业有权要求甲企业赔偿2万元的赔偿金

3. 根据本题要点（2）所提示的内容以及票据法律制度的规定，若B企业于2025年4月15日提示付款，乙银行发现甲企业账户只有存款50万元，乙银行拟采取的下列做法中，正确的是（　　）。

A. 拒绝付款

B. 无条件付款

C. 对甲企业按照汇票金额每天万分之五计收利息

D. 对甲企业尚未支付的汇票金额按照每天万分之五计收利息

4. 根据本题要点（3）所提示的内容以及相关法律制度的规定，下列各项中，表述正确的是（　　）。

A. C 企业补记金额不合法

B. 乙银行应该无条件支付全部款项

C. C 企业有权要求甲企业支付 2 万元的赔偿金

D. C 企业有权要求甲企业支付 5 万元的赔偿金

项目四

认识税收相关法律制度

学习指导

为深入贯彻党的二十大和二十届三中全会精神，落实党中央、国务院关于深化税收征收管理改革、健全税收征收管理法律体系的重大决策部署，按照十四届全国人大常委会立法规划部署，税务总局会同财政部在深入调研、广泛听取意见建议基础上，研究形成《中华人民共和国税收征收管理法（修订征求意见稿）》，2025年3月28日向社会公开征求意见。该修订征求意见稿共106条，章节设置保持现行税收征收管理法基本架构，新增16条、删除4条、修改69条。

本项目基本结构框架

本项目基本结构框架，如图4-1所示。

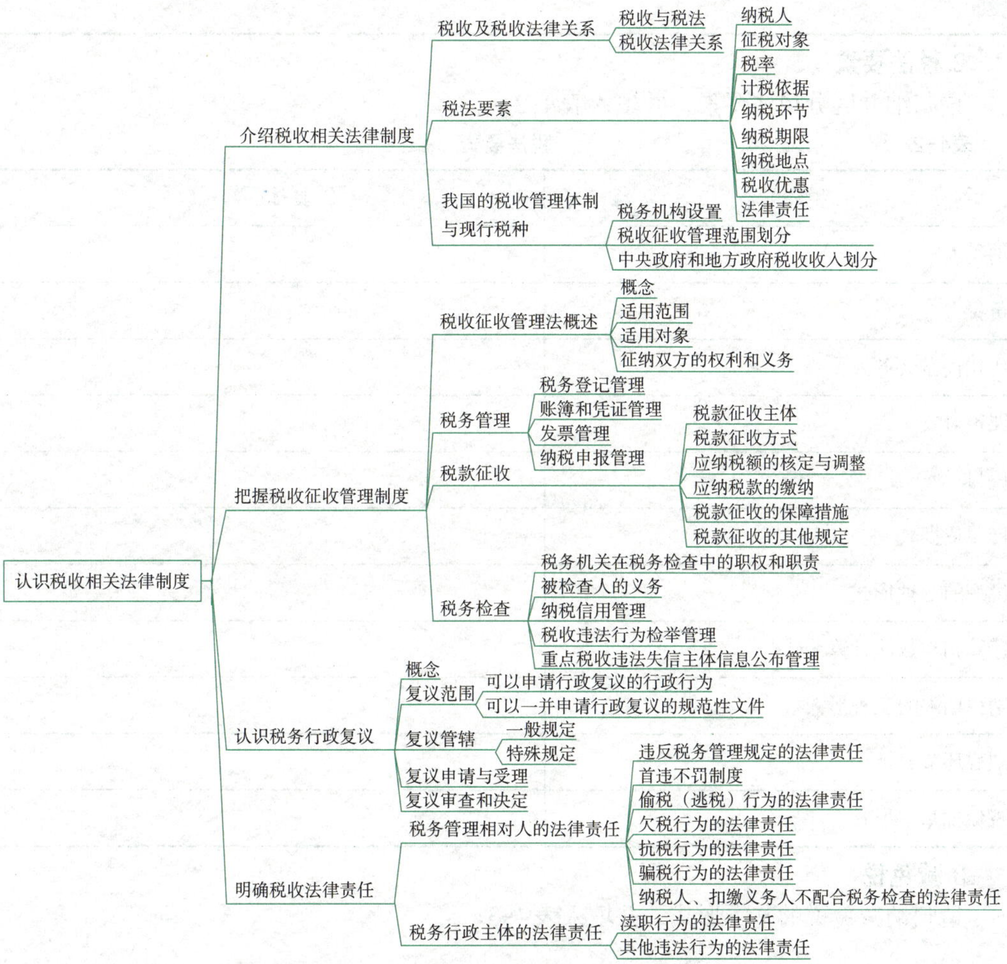

图4-1　本项目基本结构框架图

本项目重难点与业务处理总结

一、税收法律关系、税法要素重难点

1. 税收法律关系

请归纳税收法律关系三要素，并填入表4-1。

表4-1　税收法律关系三要素

三要素	具体内容	具体范围
主体		
内容		
客体		

2. 税法要素

请归纳并区分税法要素，并填入表4-2。

表4-2　税法要素

税法要素	具体内容
纳税人	
负税人	
代扣代缴义务人	
课税对象	
税目	
计税依据	
税率的三种形式	
速算扣除数法计算公式	
纳税期限的三种形式	
纳税环节分类	
减免税基本形式	

3. 减免税

请归纳减免税的基本形式，并填入表4-3。

表4-3　　减免税的基本形式

基本形式	特点	具体表现
税基式减免	通过直接缩小计税依据的方式实现减税、免税；使用范围最广泛	
税率式减免	通过直接降低税率的方式实行的减税、免税；适用于对行业、产品等“线”上的减免，在流转税中运用得最多	
税额式减免	通过直接减少应纳税额的方式实行的减税、免税；一般仅限于解决“点”上的个别问题，在特殊情况下适用	

4. 我国现行税收管理体制

请归纳我国现行的税务机构设置、税收征管范围，并填入表4-4。

表4-4　　我国现行的税务机构设置、税收征管范围

项目		具体内容	中央与地方税务机关的管理关系
税务机关设置	中央税务机关		
	省及省以下税务机关		
税收征收管理范围	税务局负责征管项目		
	海关负责征管项目		
中央和地方政府税收收入划分	中央政府固定收入		
	地方政府固定收入		
	中央与地方政府共享收入		

二、税收征收管理制度重难点

1. 税务登记管理

请归纳税务登记类型及注意事项，并填入表4-5。

表4-5　　税务登记类型及注意事项

登记类型	注意事项
设立（开业）税务登记	
变更税务登记	
停业、复业登记	
外出经营报验登记	
注销税务登记	
临时税务登记	
非正常户的认定与解除	
扣缴税款登记	

2. 发票管理

请归纳发票的类型、联次和开具的相关规定，并填入表4-6。

表4-6　　发票的类型、联次和开具

项目		具体内容或用途
发票类型		
纸质发票的基本联次		
虚开发票行为		

3. 纳税申报

请归纳纳税申报的方式的相关规定，并填入表4-7。

表4-7　　纳税申报的方式

申报方式	具体规定
自行申报	
邮寄申报	
数据电文申报	
其他方式	

4.税款征收方式

请归纳税款征收方式的相关规定，并填入表4-8。

表4-8　税款征收方式

征收方式	适用范围
查账征收	
查定征收	
查验征收	
定期定额征收	
扣缴征收	
委托代征	

5.税款征收的保障措施

请归纳税款征收的保障措施，并填入表4-9。

表4-9　税款征收的保障措施

征收措施	具体规定
责令缴纳	(1) (2) (3) (4)
责令提供纳税担保	(1) (2) (3)

续表

征收措施	具体规定
采取税收保全措施	措施：
采取强制执行措施	措施：
欠税清缴	（1）离境清缴：
	（2）税收代位权和撤销权：
	（3）欠税报告：
	（4）欠税公告：
税收优先权	（1） （2） （3）
阻止出境	

6.税款的补缴与追征

请归纳税款的补缴与追征的相关规定，并填入表4-10。

表4-10 税款的补缴与追征

责任方及原因			补缴、追征时间	是否加收滞纳金
税务机关				
纳税人、扣缴义务人	计算错误等失误导致	一般情况		
		累计数额在10万元以上		
	逃税、抗税、骗税			

【提示】补缴和追征税款、滞纳金的期限，自纳税人、扣缴义务人应缴未缴或者少缴税款之日起计算。

三、税务检查

请归纳税务检查权的具体内容，填入表4-11。

表4-11　税务检查权的具体内容

税务检查权	具体内容	注意事项
场地检查权		
交通邮政检查权		
存款账户核查权		—
发票检查权		
其他税务检查权		—

四、税务行政复议

请归纳税务行政复议的范围和管辖的相关规定，并填入表4-12。

表4-12 税务行政复议的范围和管辖

项目	具体内容	
税务行政复议的范围		
税务行政管辖	一般规定	1.
		2.
		3.
		4.
	特殊规定	1.
		2.
		3.

同步训练

基础知识训练

一、单项选择题

1.（2024年）下列各项中，属于税收保全措施的是（　　）。

A. 书面通知纳税人开户银行从其存款中扣缴税款

B. 通知出入境管理机关阻止纳税人出境

C. 扣押纳税人的价值相当于应纳税款的货物

D. 责令纳税人提供纳税担保

2.（2024年）根据税收征收管理法律制度的规定，纳税人发现多缴税款的，自结算缴纳税款之日起的一定期限内，可以向税务机关要求退还多缴的税款并加算银行同期存款利息，该期限为（　　）年。

A.1　B.2　C.3　D.5

3.（2024年）根据税收征收管理法律制度的规定，因税务机关的责任致使纳税人未缴纳或少缴纳税款的，税务机关在一定期限内，可要求纳税人补缴税款，该期限为（　　）年。

A.3　B.5　C.10　D.6

4.（2024年）根据纳税信用管理的规定，纳税信用评价周期为（　　）。

A.一个纳税年度　B.3个月　C.6个月　D.1个月

5.（2024年）冯某对M市I县税务局作出的资格认定行为不服，欲申请行政复议，下列各项中，有权受理冯某行政复议申请的是（　　）。

A.M市人民政府　B.I县人民政府　C.I县税务局　D.M市税务局

6.（2024年）税务机关作出的下列行政行为中，纳税人认为侵犯其合法权益，应当先申请行政复议，对行政复议决定不服，再提起行政诉讼的是（　　）。

A.确认征税对象　B.停止出口退税权

C.纳税信用等级评定　D.税收保全措施

7.（2023年）根据税收征收管理法律制度的规定，下列各项中，属于纳税主体权利的是（　　）。

A.按期办理纳税申报　B.委托税务代理权

C.接受税务检查　D.代扣代收税款

8.（2023年）纳税人因有特殊困难，不能按期缴纳税款的，经批准可以延期缴纳，但是最长不得超过（　　）个月。

A.1　B.3　C.6　D.12

9.（2023年）甲公司按规定最晚应于3月15日缴纳税款400 000元，但其迟迟未缴。税务机关责令其于3月30日前缴纳并加收滞纳金，甲公司直至当年4月25日才缴纳税款。已知滞纳金按日收取标准为滞纳税款的0.5‰，甲公司应缴纳的滞纳金为（　　）元。

A.5 400　B.8 400　C.5 200　D.8 200

10.（2023年）高某因税务违法行为被M市N县税务局处以罚款，逾期未缴纳罚款又被N县税务局加处罚款。高某对罚款和加处罚款的决定均不服，欲申请行政复议，下列机关中，有权受理该税务行政复议申请的是（　　）。

A.M市税务局　B.N县税务局　C.N县人民政府　D.M市人民政府

11.（2023年）纳税人对税务机关作出的下列行政行为不服的，应当先向复议机关申请行政复议，对行政复议决定不服的，可以再向人民法院提起行政诉讼的是（　　）。

A.没收违法所得　B.停止出口退税权

C.加收滞纳金　D.税收强制执行措施

12.（2022年）下列各项中，属于税务机关税款征收权的是（　　）。

A.核定税款权　B.立法权　C.处罚权　D.检查权

13.（2022年）根据税收征收管理法律制度的规定，与纳税人有利害关系的税务人员在行使特定职权时应当回避。下列职权中，不属于此类特定职权的是（　　）。

A.核定应纳税额　　B.实施税务行政处罚

C.办理税务登记　　D.办理税务行政复议

14.（2022年）根据规定，下列各项中，可以不进行税务登记的是（　　）。

A.公立大学　　B.企业分支机构

C.公益性社会组织　　D.无固定营业场所的流动性农村小商贩

15.（2022年）负有纳税申报义务的纳税人连续在一定期限内对所有税种没有进行纳税申报的，税收征管系统自动认定为非正常户，该期限是（　　）个月。

A.3　　B.6　　C.9　　D.12

16.（2022年）根据税收征收管理法律制度的规定，除另有规定外、从事生产、经营的纳税人，账簿、记账凭证、报表、完税凭证、发票、出口凭证及其他有关涉税资料应当保存一定期限，该期限为（　　）年。

A.30　　B.10　　C.15　　D.20

17.（2022年）根据税收征收管理法律制度的规定，关于税务机关在保证期间内要求纳税保证人承担保证责任的下列表述中，正确的是（　　）。

A. 税务机关可以直接要求纳税保证人缴纳税款，但不包括滞纳金

B. 税务机关可以直接要求纳税保证人缴纳税款和滞纳金

C. 税务机关应先对纳税人采取强制执行措施，不足部分才可要求纳税保证人缴纳税款和滞纳金

D. 税务机关应先对纳税人采取强制执行措施，不足部分才可要求纳税保证人缴纳税款，但不包括滞纳金

18.（2022年）2021年1月甲公司向M银行贷款，以自有办公楼设定抵押并办理登记。一年后甲公司尚有300万元本息未归还。后该办公楼拍卖所得价款350万元。经查，甲公司尚欠乙企业2020年应付货款40万元；欠缴税款30万元，税款归属期为2021年第四季度，甲公司无其他财产可供执行。下列关于该办公楼拍卖所得价款清偿顺序的表述中，正确的是（　　）。

A. 先结清欠缴税款30万元，再归还银行贷款本息300万元，剩余20万元归还乙企业

B. 先归还银行贷款本息300万元，再结清欠缴税款30万元，剩余20万元归还乙企业

C. 先归还乙企业货款40万元，再结清欠缴税款30万元，剩余的280万元归还银行

D. 先结清欠缴税款30万元，再归还乙企业货款40万元，剩余的280万元归还银行

19.（2022年）根据税收征收管理法律制度的规定，纳税人的下列财产中，不适用税收保全措施的是（　　）。

A.金银饰品　　B.用于日常上下班的小汽车

C.家庭唯一一套普通住房　　D.古玩字画

20.（2022年）根据税收征收管理法律制度的规定，下列情形中，税务机关应准予

退税并加算银行同期存款利息的是（　　）。

A. 税务机关发现纳税人多缴税款10万元，距结算缴纳税款之日4年

B. 纳税人发现并申请税务机关退还多缴的税款10万元，距结算缴纳税款之日4年

C. 纳税人发现并申请税务机关退还多缴的税款3万元，距结算缴纳税款之日2年

D. 税务机关发现纳税人多缴税款3万元，距结算缴纳税款之日2年

二、多项选择题

1.（2024年）下列各项中，属于纳税主体权利的有（　　）。

A. 税务检查权　　B. 委托税务代理权

C. 税收监督权　　D. 税收法律救济权

2.（2022年）根据税收征收管理法律制度的规定，属于征税主体职权的有（　　）。

A. 核定税款权　　B. 税务检查权　　C. 代位权　　D. 税务管理权

3.（2022年）根据税收征收管理法律制度的规定，纳税人对税务机关的下列行为不服的，可以提出行政复议申请的有（　　）。

A. 加收滞纳金　　B. 评定纳税信用等级

C. 代开发票　　D. 罚款

4.（2022年）根据税收征收管理法律制度的规定，纳税人认为税务机关行政行为所依据的下列规定不合法，可以在申请行政复议时一并提起审查申请的有（　　）。

A. 国家税务总局发布的公告　　B. 省人民代表大会常务委员会发布的决定

C. 省税务局发布的办法　　D. 国家税务总局发布的通知

5.（2022年）根据税收征收管理法律制度的规定，关于税务行政复议管辖的下列表述中，正确的有（　　）。

A. 对两个以上税务机关以共同的名义作出的行政行为不服的，向共同上一级税务机关申请行政复议

B. 对被撤销的税务机关在撤销以前所作出的行政行为不服的，向继续行使其职权的税务机关的上一级税务机关申请行政复议

C. 对税务机关作出的罚款决定和逾期不缴纳罚款加处罚款的决定都不服的，一并向作出行政处罚决定的税务机关的上一级税务机关申请行政复议

D. 对税务机关与其他行政机关以共同的名义作出的行政行为不服的，向其共同上一级行政机关申请行政复议

6.（2021年）行政复议期间具体行政行为不停止执行，但是有一定情形出现可以停止执行，属于该情形的有（　　）。

A. 复议机关认为需要停止执行的　　B. 申请人要求停止执行的

C. 被申请人认为需要停止执行的　　D. 法律规定停止执行的

7.（2021年）根据税收征收管理法律制度的规定，需要办理税务登记的纳税人有（　　）。

A. 领取营业执照从事生产经营活动的纳税人

B. 财政局

C. 只缴纳个人所得税的自然人

D. 企业在外地设立分支机构

8.（2021年）根据税收征收管理法律制度的规定，下列各项中，属于税务机关派出人员在税务检查中应履行的职责有（　　）。

A. 出示税务检查通知书　　B. 出示税务机关组织机构代码证

C. 为被检查人保守秘密　　D. 出示税务检查证

9.（2021年）甲、乙公司存在关联关系，甲公司的企业所得税税负较高。甲、乙公司之间的下列交易，税务机关有权调整其应纳税额的有（　　）。

A. 甲公司将市场价格2 000万元的商品以200万元销售给乙公司

B. 甲公司以1 000万元的价格购买了乙公司价值100万元的设备

C. 甲公司向乙公司借款1 000万元，双方约定的年利率为30%，而同期银行贷款利率为6%

D. 甲公司向乙公司支付投资款5 000万元，占乙公司实收资本的30%

10.（2021年）根据税收征收管理法律制度的规定，纳税人对税务机关的下列具体行政行为不服时，应当先向复议机关申请行政复议的有（　　）。

A. 发票管理行为　B. 确认适用税率　C. 加收滞纳金　D. 停止出口退税权

11.（2021年）根据税收征收管理法律制度的规定，下列各项财务资料中，除另有规定外，至少应保存10年的有（　　）。

A. 账簿　B. 发票的存根联　C. 完税凭证　D. 发票的登记簿

12.（2020年）税务机关拟对个体工商户业主王某采取税收保全措施，王某的下列财产中，可以采取税收保全措施的有（　　）。

A. 价值20万元的小汽车　　B. 价值10万元的金银首饰

C. 价值2 000元的电视机　　D. 维持自己生活必需的唯一普通住房

13.（2020年）根据税收征收管理法律制度的规定，下列各项中，属于纳税担保方式的有（　　）。

A. 抵押　B. 留置　C. 质押　D. 保证

14.（2020年）根据税收征收管理法律制度的规定，下列情形中，税务机关有权核定纳税人应纳税额的有（　　）。

A. 纳税人设置的账簿账目混乱难以查账的

B. 纳税人按法律、行政法规规定应当设置但未设置账簿的

C. 纳税人未按照规定的期限缴纳税款，经税务机关责令限期缴纳，逾期仍不缴纳的

D. 纳税人虽设置账簿，但成本资料、收入凭证、费用凭证残缺不全，难以查账的

15.（2020年）甲公司3月发生的下列活动中，应确定为重大税收违法失信主体的有（　　）。

A. 在账簿上多列支出，使其少缴应纳税款11万元

B. 通过转移财产的手段欠缴税款金额50万元

C. 以暴力、威胁方法拒不缴纳税款

D. 骗取国家出口退税款的

三、判断题

1. （2024年）税务机关调查税务违法案件时，对与案件有关的情况和资料，可以记录、录音、录像、照相和复制。（ ）

2. （2024年）电子发票与纸质发票具有同等法律效力。（ ）

3. （2024年）取得发票的主体在取得发票时，可以要求开票主体更改品名和金额。（ ）

4. （2024年）纳税人经核准延期办理纳税申报的，应当在纳税期内按上期实际缴纳或税务机关核定的税额预缴税款。（ ）

5. （2022年）税务机关对企业空白发票进行检查时，应当开具收据。（ ）

6. （2022年）纳税人在纳税期内没有应纳税款的，不需办理纳税申报。（ ）

7. （2022年）扣缴义务人首次未按照规定开具税收票证的，考虑其后果轻微，不予行政处罚。（ ）

8. （2021年）纳税人享受免税待遇的，在免税期间不需要办理纳税申报。（ ）

9. （2021年）全国信用信息共享平台可以向社会公开披露列入“黑名单”的会计人员严重失信相关信息。（ ）

10. （2021年）行政复议机关责令被申请人重新作出具体行政行为的，被申请人不得以同一事实和理由作出与原具体行政行为相同或基本相同的具体行政行为。（ ）

11. （2021年）税务机关采取强制执行措施时，对纳税人未缴纳的滞纳金同时强制执行。（ ）

12. （2021年）纳税人与其关联企业未按照独立企业之间的业务往来支付价款的，税务机关自该业务往来发生的纳税年度起5年内进行调整。（ ）

13. （2021年）纳税人采用邮寄申报方式进行纳税申报的，以税务机关收到申报资料的日期为实际申报日期。（ ）

14. （2021年）收款方开具发票时，付款方不得要求变更品名和金额。（ ）

15. （2020年）纳税人申报的计税依据明显偏低，又无正当理由的，税务机关有权核定其应纳税额。（ ）

项目五

解读增值税法律制度

学习指导

增值税作为我国的第一大税种，约占全国税收收入的30%左右，其立法进程备受关注。按照国务院规定，增值税属于中央与地方共享税，收入实行中央与地方“五五分享”。《中华人民共和国增值税法》由第十四届全国人民代表大会常务委员会第十三次会议在2024年12月25日表决通过，自2026年1月1日起施行。旨在健全有利于高质量发展的增值税制度，规范增值税的征收和缴纳，并保护纳税人的合法权益。随着增值税法的实施，我国现行18个税种中已有14个税种制定了法律，这标志着我国在落实税收法定原则方面取得了重大进展。

本项目基本结构框架

本项目基本结构框架，如图5-1所示。

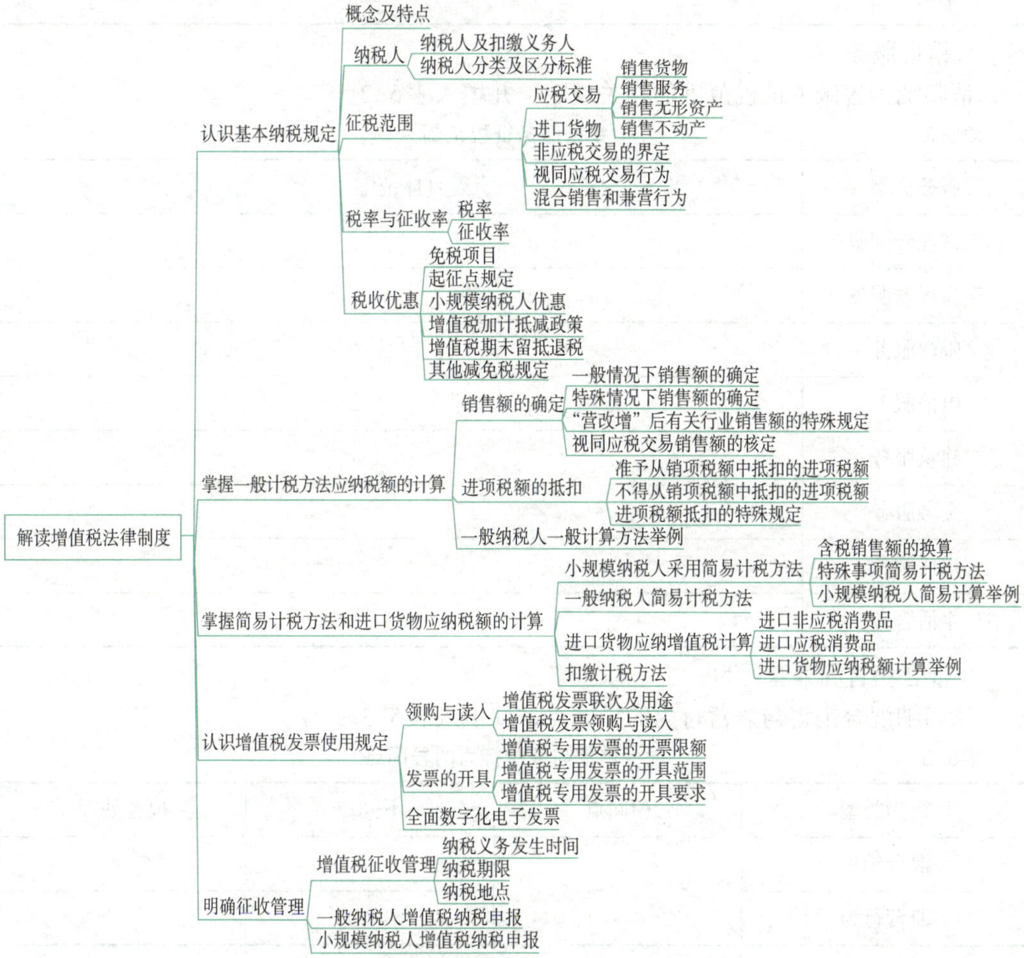

图5-1　本项目基本结构框架图

本项目重难点与业务处理总结

一、征税范围

1. 视同销售货物

请归纳非应税交易的情形，并填入表5-1。

表5-1 非应税交易的界定

顺序	具体情形
1	
2	
3	
4	

2. 销售服务

请归纳销售服务征税范围的相关规定，并填入表5-2。

表5-2 销售服务征税范围

服务类型	具体范围
加工修理修配服务	
交通运输服务	
邮政服务	
电信服务	
建筑服务	
金融服务	
现代服务	
生活服务	

3. 混合销售和兼营行为

请归纳混合销售与兼营行为的异同点，并填入表5-3。

表5-3 混合销售与兼营行为的异同点

行为类型	相同点	不同点	税务处理
混合销售			
兼营行为			

二、征收率

请归纳一般纳税人销售自己使用过的物品和旧货的相关规定，并填入表5-4。

表5-4　一般纳税人销售自己使用过的物品和旧货

情形	时限规定	征收率	计税公式
销售自己使用过的固定资产	属于不得抵扣且未抵扣进项税额		
	按规定可以抵扣进项税额		
	除固定资产以外的其他物品		
销售旧货			

三、销售额的确定

1. 不同情况下销售额的确定

请归纳特殊销售情况下销售额的确定的相关规定，并填入表5-5。

表5-5　特殊销售情况下销售额的确定

销售形式	不同情形	具体规定
商业折扣（折扣销售）	销售额和折扣额在同一张发票的金额栏分别注明	
	将折扣额另开发票	
以旧换新	一般货物	
	金银首饰	
包装物押金	一般货物、啤酒、黄酒	
	白酒、其他酒	
还本销售		
以物易物		

2. “营改增”后有关行业的销售额

请归纳“营改增”后有关行业销售额的特殊规定，并填入表5-6。

表5-6　“营改增”后有关行业销售额的特殊规定

类型	业务种类	销售额的确定
全额计税	贷款服务	
	直接收费金融服务	
差额计税	金融商品转让	
	经纪代理服务	

续表

类型	业务种类	销售额的确定
差额计税	航空运输企业的销售额	
	一般纳税人提供客运场站服务	
	旅游服务	
	提供建筑服务适用简易计税方法的	
	房地产开发企业中的一般纳税人销售其开发的房地产项目的（选择简易计税方法的房地产老项目除外）	

3. 准予从销项税额中抵扣的进项税额

请归纳准予从销项税额中抵扣的进项税额的相关规定，并填入表5–7。

表5–7　准予从销项税额中抵扣的进项税额

名称及情形		具体抵扣规定
增值税专用发票（含税控机动车销售统一发票）		
海关进口增值税专用缴款书		
购进农产品	1. 取得一般纳税人开具的增值税专用发票或者海关进口增值税专用缴款书的	
	2. 从按照简易计税方法依照3%征收率计算缴纳增值税的小规模纳税人取得增值税专用发票的	
	3. 取得（开具）农产品销售发票或农产品收购发票的	
	【注意】纳税人购进用于生产或者委托加工13%税率货物的农产品，按照10%的扣除率计算进项税额	
购进国内旅客运输服务	1. 取得增值税电子普通发票的	
	2. 取得注明旅客身份信息的航空运输电子客票行程单的	
	3. 取得注明旅客身份信息的铁路车票的	
	4. 取得注明旅客身份信息的公路、水路等其他客票的	
自境外单位或者个人购进劳务、服务、无形资产或者境内的不动产，从税务机关或者扣缴义务人取得的代扣代缴税款的完税凭证		

4. 不得从销项税额中抵扣的进项税额

请归纳不得抵扣进项税额的情形，并填入表5–8。

表5-8　　不得抵扣进项税额的情形

顺序	具体规定
1	
2	
3	
4	
5	
6	

四、增值税纳税义务发生时间

请归纳不同销售结算方式下纳税义务发生时间的相关规定，并填入表5-9。

表5-9　　不同销售结算方式下纳税义务发生时间

销售结算方式	纳税义务发生时间
先开具增值税发票的	
采取直接收款方式销售货物	
采取赊销和分期收款结算方式的	
委托其他纳税人代销货物的	
采取预收款结算方式的	
提供建筑服务、租赁服务采用预收款方式的	
采取托收承付、委托收款结算方式的	
增值税视同应税交易行为的	
从事金融商品转让的	
进口货物的	

同步训练

基础知识训练

一、单项选择题

1.（2024年）下列各项中，属于生活服务的是（　　）。

A.文化创意服务　B.商务辅助服务　C.餐饮住宿服务　D.贷款服务

2.（2024年）根据增值税法律制度的规定，下列各项中，不属于视同销售货物情形的是（　　）。

A.银行购进一批物资作为集体福利发放给职员

B.食品厂将自产的月饼作为集体福利发放给职工

C.服装厂将委托加工的服装无偿赠送给合作商

D.设备厂将购进的一批月饼作为礼品赠送给酒厂

3.（2024年）甲金融企业为增值税一般纳税人，2023年第一季度金融商品卖出价为1 272万元，相关金融商品买入价为1 113万元。已知增值税税率为6%，计算甲金融企业该金融商品转让增值税销项税额的下列算式中，正确的是（　　）。

A.（1 272－1 113）×6%＝9.54（万元）

B.（1 272－1 113）÷（1＋6%）×6%＝9（万元）

C.1 272÷（1＋6%）×6%＝72（万元）

D.1 272×6%＝76.32（万元）

4.（2024年）纳税人在境内销售的下列服务中，免征增值税的是（　　）。

A.婚姻介绍服务　B.广告服务　C.建筑服务　D.车辆停放服务

5.（2024年）纳税人进口货物，应当自海关填发进口增值税专用缴款书之日起一定期限内缴纳税款，该期限为（　　）日。

A.30　B.60　C.20　D.15

6.（2023年）根据增值税法律制度的规定，建筑企业年应税销售额超过一定金额的可以申请登记为一般纳税人，该金额为（　　）万元。

A.300　B.500　C.200　D.1 000

7.（2023年）根据增值税法律制度的规定，下列各项中，应按照“销售不动产”税目计缴增值税的是（　　）。

A.将建筑物广告位出租给其他单位用于发布广告

B.自有厂房出租

C.提供车辆停放服务

D.转让建筑物永久使用权

8.（2023年）根据增值税法律制度的规定，下列各项中，属于增值税混合销售行为的是（　　）。

A.超市既销售货物又提供快餐服务

B.药材厂既销售药材又提供研磨加工劳务

C.建筑公司向客户销售自产钢结构件的同时又为其提供安装服务

D.歌舞厅向客户提供娱乐服务的同时又向其销售食品

9.（2023年）甲住房租赁公司为增值税一般纳税人，2022年10月向个人出租住房取得含增值税租金收入6 394 500元。甲住房租赁公司选择适用简易计税方法计税。已知住房租赁企业中的增值税一般纳税人向个人出租住房选择简易计税办法的，按照5%的征收率减按1.5%计算缴纳增值税。计算甲住房租赁公司当月上述业务应缴纳增值税税额的下列算式中，正确的是（　　）。

A.6 394 500 ÷（1 + 1.5%）× 5% = 315 000（元）

B.6 394 500 × 5% = 319 725（元）

C.6 394 500 ÷（1 + 5%）× 1.5% = 91 350（元）

D.6 394 500 × 1.5% = 95 917.5（元）

10.（2023年）甲公司为增值税一般纳税人，采取以旧换新方式销售100台W型家电，该型家电同期含增值税销售价格为5 650元/台，扣减旧家电收购价格后实际收取含增值税价款5 141.5元/台。计算甲公司当月该业务增值税销项税额的下列算式中，正确的是（　　）。

A.100 × 5 650 × 13% = 73 450（元）

B.100 × 5 141.5 × 13% = 66 839.5（元）

C.100 × 5 141.5 ÷（1 + 13%）× 13% = 59 150（元）

D.100 × 5 650 ÷（1 + 13%）× 13% = 65 000（元）

11.（2023年）甲植物油厂为增值税一般纳税人，2022年7月从农民手中收购一批花生，农产品收购发票上注明买价为182 000元。甲植物油厂当月将收购的花生80%用于加工食用植物油，剩余部分用于无偿赠送给客户，已知购进农产品按9%的扣除率计算进项税额。计算甲植物油厂当月上述业务准予抵扣的进项税额的下列算式中，正确的是（　　）。

A.182 000 × 9% = 16 380（元）

B.182 000 ÷（1 − 9%）× 9% = 18 000（元）

C.182 000 × 9% × 20% = 3 276（元）

D.182 000 × 9% × 80% = 13 104（元）

12.（2023年）根据增值税法律制度的规定，下列各项中，不属于免税项目的是（　　）。

A.农业生产者销售的自产农产品　　B.国际组织无偿援助的进口物资

C.直接用于科学研究的进口仪器　　D.个人将购买不足2年的住房对外销售

13.（2023年）甲银行为增值税一般纳税人，在2022年12月取得贷款利息收入5 088万元，取得金融同业往来利息收入95.4万元。发放贷款，自结息日起90日内发生的应收未收利息84.8万元。已知增值税税率为6%，计算甲银行当月上述业务增值税销项税额的下列算式中，正确的是（　　）。

A.（5 088 + 95.4 + 84.8）÷（1 + 6%）× 6% = 298.2（万元）

B.（5 088 + 84.8）÷（1 + 6%）× 6% = 292.8（万元）

C.（5 088 + 95.4）÷（1 + 6%）× 6% = 293.4（万元）

D.（95.4 + 84.8）÷（1 + 6%）× 6% = 10.2（万元）

14.（2023年）根据增值税法律制度的规定，下列各项中，不适用即征即退优惠政策的是（　　）。

A.有形动产融资性售后回租服务　　B.有形动产融资租赁服务

C.管道运输服务　　D.餐饮住宿服务

15.（2023年）根据增值税法律制度的规定，一般纳税人发生的下列应税销售行为中，可以开具增值税专用发票的是（　　）。

A.房地产开发公司向演员王某销售住房

B.商场向一般纳税人甲公司销售办公用笔记本电脑

C.金店向消费者李某零售金项链

D.超市向一般纳税人乙公司零售招待客户用的烟酒

16.（2022年）甲家具厂的下列业务中，应视同销售货物征收增值税的是（　　）。

A.将自产的家具用于办公　　B.委托乙商店代销家具

C.外购钢材用于扩建厂房　　D.外购大米用于集体福利

17.（2022年）甲企业为增值税一般纳税人，主要从事家具的制作和销售。2021年12月销售书柜取得含税收入67 800元，销售书柜的同时提供书柜的安装服务取得含税收入4 926.8元。已知书柜的增值税税率为13%，安装服务的增值税税率为9%。甲企业当月上述业务的增值税销项税额为（　　）。

A.67 800÷（1+13%）×13%＋4 926.8÷（1＋9%）×9%＝8 206.8（元）

B.（67 800＋4 926.8）÷（1＋13%）×13%＝8 366.8（元）

C.（67 800＋4 926.8）÷（1＋9%）×9%＝6 004.97（元）

D.67 800÷（1＋9%）×9%＋4 926.8÷（1＋13%）×13%＝6 164.97（元）

18.（2022年）甲公司为二手车销售一般纳税人，2022年6月销售其收购的二手机动车，取得含增值税销售额211 706元，已知销售二手车减按0.5%征收率征收增值税，计算甲公司应当缴纳的增值税的下列算式中，正确的是（　　）。

A.211 706×0.5%＝1 058.53（元）

B.211 706÷（1＋3%）×0.5%＝1 027.7（元）

C.211 706÷（1＋2%）×0.5%＝1 037.77（元）

D.211 706÷（1＋0.5%）×0.5%＝1 053.26（元）

19.（2022年）甲公司为增值税一般纳税人，主要从事专利申请代理业务。2022年10月提供专利申请代理服务，取得含增值税服务费371万元，加急手续费26.5万元，另向委托方收取并代为支付专利申请费、发明专利申请审查费等行政事业性收费84.8万元。已知增值税税率为6%，计算甲公司当月上述业务增值税销项税额的下列算式中，正确的是（　　）。

A.（371＋26.5）÷（1＋6%）×6%＝22.5（万元）

B.371×6%＝22.26（万元）

C.（371＋84.8）÷（1＋6%）×6%＝25.8（万元）

D.（371＋26.5＋84.8）÷（1＋6%）×6%＝27.3（万元）

20.（2022年）甲公司为增值税一般纳税人，本月将一批新研制的高档美白化妆品赠送给老顾客使用，甲公司并无同类产品销售价格，其他公司也无同类货物，已知该批产品的生产成本为10万元，甲公司的成本利润率为10%，高档化妆品的消费税税率为15%，增值税税率为13%，则甲公司当月该笔业务增值税销项税额的下列计算中，正确的是（　　）。

A.100 000 × 13% = 13 000（元）

B.100 000 ×（1 + 10%）÷（1 − 15%）× 13% = 16 823.53（元）

C.100 000 ×（1 + 10%）× 13% = 14 300（元）

D.100 000 ×（1 + 10%）÷（1 + 15%）× 13% = 12 434.78（元）

二、多项选择题

1.（2024年）增值税一般纳税人购进货物、服务取得的下列合法凭证中，准予抵扣对应进项税额的有（　　）。

A. 进口货物取得海关进口增值税专用缴款书

B. 购进劳保专用鞋帽取得增值税专用发票

C. 购进国内旅客运输服务取得增值税电子普通发票

D. 购进维修服务取得增值税普通发票

2.（2024年）一般纳税人发生的下列情形中，其进项税额不得从销项税额中抵扣的有（　　）。

A. 将购进的建筑材料用于简易计税方法计税项目

B. 将购进的农药用于免税项目

C. 将购进的装饰材料用于装修办公大楼

D. 将购进的植物油用于职工福利

3.（2024年）下列各项中，属于增值税免税项目的有（　　）。

A. 古旧图书　　B. 企业直接用于科学试验的进口仪器

C. 企业销售自己使用过的固定资产　　D. 农业生产者销售的自产农产品

4.（2024年）一般纳税人的下列经营行为中，可以开具增值税专用发票的有（　　）。

A. 运输公司为一般纳税人提供货物运输服务

B. 房地产开发企业向个人消费者销售商品房

C. 医药公司向一般纳税人销售免税药品

D. 劳保用品店向一般纳税人销售劳保用品

5.（2023年）下列各项中，按照“销售货物”征收增值税的有（　　）。

A. 销售电力　　B. 销售热力　　C. 销售天然气　　D. 销售商品房

6.（2023年）根据增值税法律制度的规定，下列各项中按照金融服务缴纳增值税的有（　　）。

A. 账户管理服务费　　B. 票据贴现的利息

C. 货币资金投资收取的保底利润　　D. 融资性售后回租的租金

7.（2023年）根据增值税法律制度的规定，下列销售行为中，属于兼营行为的有（　　）。

A. 建筑安装公司提供建筑安装服务的同时销售自产铝合金门窗

B. 旅游公司在提供旅游服务的同时销售纪念品

C. 建材商店销售建材，并从事装修、装饰业务

D. 花店销售鲜花，并承接婚庆服务业务

8.（2023年）根据增值税法律制度的规定，境外P国W公司发生的下列业务中，属于在境内销售无形资产或者不动产的有（　　）。

A. 将其在境内使用的经销权转让给境内乙公司

B. 将其位于P国的办公大楼出售给境内丁公司

C. 向境内甲公司转让一项完全在境内使用的专利

D. 向境外Q国的丙公司销售位于境内的办公楼

9.（2023年）根据增值税法律制度的规定，一般纳税人收取的下列款项中，应并入销售额计算销项税额的有（　　）。

A. 手续费

B. 违约金

C. 包装物租金

D. 受托加工应税消费品代收代缴的消费税

10.（2023年）根据增值税法律制度的规定，增值税一般纳税人支付的下列运费中（均取得了运输企业开具的增值税专用发票），不允许抵扣进项税额的有（　　）。

A. 销售免税货物所支付的运输费用

B. 外购生产应税产品的机器设备所支付的运输费用

C. 外购水泥用于装修员工宿舍所支付的运输费用

D. 外购草莓用于生产草莓酱所支付的运输费用

11.（2023年）根据增值税法律制度的规定，纳税人发生的下列业务中，免征增值税的有（　　）。

A. 残疾人本人为社会提供的服务　　B. 农民销售自产葡萄

C. 个人转让著作权　　D. 大学生勤工俭学提供的服务

12.（2022年）根据增值税法律制度的规定，下列服务中，应按“现代服务—物流辅助服务”缴纳增值税的有（　　）。

A. 航天运输服务　　B. 装卸搬运服务

C. 货运客运场站服务　　D. 打捞救助服务

13.（2022年）根据增值税法律制度的规定，下列各项中，一般纳税人可选择适用简易计税方法的有（　　）。

A. 仓储服务　　B. 收派服务　　C. 劳务派遣服务　　D. 餐饮服务

14.（2021年）根据增值税法律制度的规定，下列各项中，属于不征收增值税项目的有（　　）。

A. 物业管理单位代收的住宅专项维修资金

B. 基础电信服务

C. 被保险人获得的保险赔付

D. 存款利息

15.（2021年）根据增值税法律制度的规定，下列关于增值税纳税义务发生时间的表述中，正确的有（　　）。

A. 纳税人提供租赁服务采取预收款方式的，为交付租赁物的当天

B. 纳税人进口货物的，为报关进口的当天

C. 纳税人从事金融商品转让的，为收到销售款的当天

D. 纳税人采取委托银行收款方式销售货物的，为发出货物并办妥托收手续的当天

三、判断题

1.（2024年）员工为本单位提供取得工资的服务不征收增值税。（　）

2.（2024年）一般纳税人提供电影放映服务，可以选择适用简易计税方法计税。（　）

3.（2024年）银行增值税的纳税期限为1个季度。（　）

4.（2024年）数字化电子发票无须进行发票票种核定和发票领用。（　）

5.（2022年）出租车公司向使用本公司自有出租车的出租车司机收取的管理费用，按照“现代服务”缴纳增值税。（　）

6.（2022年）小规模纳税人，转让其取得的不动产，按照3%的征收率征收增值税。（　）

7.（2022年）增值税一般纳税人将租入的大楼兼用于办公和职工宿舍的，其进项税额不得从销项税额中抵扣。（　）

8.（2021年）单位为聘用的员工提供服务，视同销售服务，征收增值税。（　）

9.（2021年）增值税起征点适用于个体工商户。（　）

10.（2021年）医疗器械公司直接进口供残疾人专用的轮椅，免征增值税。（　）

11.（2020年）学生勤工俭学提供的服务免征增值税。（　）

12.（2020年）增值税一般纳税人提供长途客运服务，可选择适用简易计税方法计缴增值税。（　）

13.（2020年）甲公司为增值税一般纳税人，2019年12月销售人员因公出差购进国内旅客运输服务，取得的注明员工身份信息铁路车票，可以作为进项税额的抵扣凭证。（　）

14.（2020年）外购进口的原属于中国境内的货物，不征收进口环节增值税。（　）

15.（2019年）以货币资金投资收取的固定利润或者保底利润，应按照“租赁服务”税目计缴增值税。（　）

案例分析训练

【业务案例5-1】甲公司为增值税一般纳税人，主要从事货物运输、装卸搬运和仓储服务。2025年6月有关经营情况如下：

（1）提供货物运输服务，取得含增值税价款2 180 000元，同时收取包装费

10 900元。

（2）提供装卸搬运服务，取得含增值税价款41 200元。

（3）提供仓储服务，取得含增值税价款82 400元。

（4）出租一处闲置仓库，取得含增值税租金52 500元，该仓库系甲公司2006年购入。

（5）采取预收款方式向乙公司出租1辆纳入“营改增”试点之日前取得的运输车辆，6月16日签订有形动产租赁合同，租期3个月。6月20日收到乙公司支付的租赁费，6月23日向乙公司开具增值税专用发票，6月28日向乙公司交付出租的运输车辆。

（6）将资金贷予关联企业丙公司使用，取得利息150 000元。

（7）无偿为关联企业丙公司提供仓储服务，同类仓储服务含增值税价款1 090元。

（8）因公司车辆发生交通事故，获得保险赔付2 000元。

（9）取得存款利息1 750元。

已知：销售交通运输服务增值税税率为9%。

要求：根据上述资料，不考虑其他因素，分析回答下列小题。

1.计算甲公司当月提供货物运输服务增值税销项税额的下列算式中，正确的是（　　）。

A. 2 180 000 × 9% = 196 200（元）

B. （2 180 000 + 10 900）× 9% = 197 181（元）

C. （2 180 000 + 10 900）÷（1 + 9%）× 9% = 180 900（元）

D. 2 180 000 ÷（1 + 9%）× 9% = 180 000（元）

2.甲公司提供的下列服务中，可以选择适用简易计税方法计税的是（　　）。

A.出租闲置仓库　　B.向乙公司出租运输车辆

C.提供装卸搬运服务　　D.提供仓储服务

3.甲公司当月采取预收款方式出租运输车辆，增值税纳税义务发生时间是（　　）。

A. 6月28日　　B. 6月23日　　C. 6月20日　　D. 6月16日

4.甲公司当月发生的下列业务中，属于不征收增值税项目的是（　　）。

A.取得存款利息1 750元

B.获得保险赔付20 000元

C.无偿为关联企业丙公司提供仓储服务

D.将资金贷与关联企业丙公司使用取得利息150 000元

【业务案例5-2】甲超市为增值税一般纳税人。主要从事商品零售业务。2025年5月有关经营情况如下：

（1）从小规模纳税人乙公司购进水果用于销售，取得增值税专用发票注明金额50 000元、税额1 500元，购进的水果当月全部销售。

（2）购进一批白酒，取得增值税专用发票注明税额27 300元，支付运费取得增值税专用发票注明税额450元。该批白酒因仓库管理不善被盗。

（3）购进一批文具，取得增值税专用发票注明税额2 600元，全部直接赠送给山区小学。

（4）购进一批养生壶，取得增值税专用发票注明税额1 300元，全部对外销售。

（5）购进暖手宝1 000只，其中600只在“来店即送”活动中赠送给顾客，400只发给职工作为福利，同类暖手宝含增值税售价45.2元/只。

（6）采取以旧换新方式销售一批空调，新空调含增值税零售价904 000元，扣减旧空调折价后实际收取含增值税价款858 800元。

已知：销售货物增值税税率为13%，农产品扣除率为9%。取得的增值税扣税凭证均符合抵扣规定。

要求：根据上述资料，不考虑其他因素，分析回答下列小题。

1.计算甲超市当月购进水果准予从销项税额中抵扣的进项税额的下列算式中，正确的是（　　）。

A.50 000 × 13% = 6 500（元）

B.50 000 × 9% = 4 500（元）

C.（50 000 + 1 500）× 13% = 6 695（元）

D.（50 000 + 1 500）× 9% = 4 635（元）

2.甲超市的下列进项税额中，不得从销项税额中抵扣的是（　　）。

A. 对外销售的养生壶的进项税额1 300元

B. 购进白酒支付运费的进项税额450元

C. 购进白酒的进项税额27 300元

D. 赠送山区小学的文具的进项税额2 600元

3.计算甲超市当月暖手宝业务增值税销项税额的下列算式中，正确的是（　）。

A.45.2 × 1 000 ÷ （1 + 13%）× 13% = 5 200（元）

B.45.2 × 1 000 × 13% = 5 876（元）

C.45.2 × 400 × 13% = 2 350.4（元）

D.45.2 × 600 ÷（1 + 13%）× 13% = 3 120（元）

4.计算甲超市以旧换新销售空调增值税销项税额的下列算式中，正确的是（ ）。

A.904 000 ÷（1 + 13%）× 13% = 104 000（元）

B.858 800 × 13% = 111 644（元）

C.904 000 × 13% = 117 520（元）

D.858 800 ÷（1 + 13%）× 13% = 98 800（元）

纳税申报实训

【实训业务5-1】实训企业基本资料如下：

企业名称：武汉智慧树广告策划有限公司。

成立日期：2016年1月1日。

纳税人识别号：42010276799133838W1234。

地址及电话：武汉市武昌区阅马场景观大厦1216室027-85287711。

开户行及账号：中国银行首义路分理处，83301040001688。

税务登记：核定为一般纳税人。

上期留抵税额：5 600.12元。

2025年3月，该公司发生经济业务如下：

（1）向武汉中新管理有限公司开具含税价为300 000元的增值税专用发票一张，此为应收的广告展板喷绘款。

（2）以转账支票支付湖北电视台2025年2月广告发布费240 000元，取得增值税专用发票金额226 415.09元，税额13 584.91元。

（3）向武汉向日葵医院结算应收电视广告费260 000元，开具增值税专用发票金额245 283.02元，税额14 716.98元，款未收。

（4）以银行存款购买原材料，取得增值税专用发票注明金额20 400元，税额2 652元。

（5）收到武汉万源建筑工程公司开具的金额为14 000元的转账支票一张，系该公司替武汉万源建筑工程公司在《武汉晚报》发布广告的款项，开具增值税专用发票金额13 207.55元、税额792.45元，该公司当日填列进账单到银行进账。

（6）以转账支票购买需安装固定资产印刷机一台，取得增值税专用发票注明金额20 000元、税额2 600元，并以现金支付印刷机安装费780元。

（7）收到《武汉晚报》开具的向该公司收取10 000元广告发布费的增值税专用发票。同日，公司开出金额为7 000元的转账支票一张，余款待广告发布完成再付清。

已知提供广告业服务适用增值税税率为6%。2025年3月取得的4张增值税专用发票已通过税务机关认证。

任务：

（1）计算该企业2025年3月应纳增值税税额。

（2）根据发生的业务进行账务处理。

（3）填制该公司2025年3月增值税纳税申报表及其附表。

【实训业务5-2】实训企业基本资料如下：

企业名称：北海市华远贸易有限公司。

纳税人识别号：26810678912345656N4321。

企业地址：北海市人民路24号。

法定代表人：刘强。

注册资本：3 000万元。

企业类型：有限责任公司。

开户银行及账号：中国工商银行北海市人民支行，8523171260。

该公司于2008年1月成立，为增值税一般纳税人，增值税纳税期为1个月，使用防伪税控系统。2025年4月，其发生主要经济业务如下：

（1）销售电子产品700 000元，开具防伪税控增值税专用发票15份。销售食用植物油500 000元，其中，开具防伪税控增值税专用发票6份，销售额为300 000元；开具普通发票18份，不含税销售额为200 000元。

（2）提供加工劳务收入400 000元，开具防伪税控增值税专用发票18份。

（3）按6%税率简易征收的销售服务额为106 000元（含税），开具增值税普通发票2份。

（4）免税项目领用账面成本40 000元（不含税）的购进货物。

（5）因管理不善致使账面成本30 000元（不含税）的货物被盗。

（6）购进货物情况如下：

① 本期认证相符且本期申报抵扣的防伪税控增值税专用发票8份，金额为600 000元，进项税额为78 000元；

② 农产品收购发票14份，收购金额为300 000元。

已知一般货物销售增值税税率为13%，食用植物油增值税税率为9%，购入农产品用于生产增值税税率为13%的货物，购进农产品的扣除率为10%。2025年3月应纳增值税68 000元，已于2025年4月10日缴纳入库。

任务：

（1）计算该企业2025年4月应纳增值税税额。

（2）填报北海市华远贸易有限公司2025年4月增值税纳税申报表及其附表。

【实训业务5-3】小规模纳税人增值税申报

情形一：A公司为按季申报的小规模纳税人。2025年1—3月提供服务25万元，开具免税的普通发票。本季度未发生其他增值税应税行为。

情形二：A公司为按季申报的小规模纳税人。2025年1—3月对外提供服务情况如下：开具税率为1%的普通发票销售额250 000元，开具税率为3%的专用发票销售额50 000元。

情形三：A公司为按季申报的小规模纳税人。2025年1月份销售服务20万元，2月销售服务5万元，同时销售不动产50万元，3月份因特殊原因未销售货物，相关业务均未开具专用发票。

情形四：A公司为按季申报的小规模纳税人。2025年1—3月提供建筑服务350 000元，开具普通发票，季度支付可扣除的分包款150 000元。

情形五：A公司为按季申报的小规模纳税人。2025年1—3月提供服务50万元，开具税率为1%的普通发票。

以上五种情形中的收入均为不含税收入。

任务：根据以上五种情形，分别填报A公司2025年第一季度的小规模纳税人增值税申报表。

项目六

解读消费税法律制度

学习指导

2025年3月5日，国务院总理李强在第十四届全国人民代表大会第三次会议上做的《政府工作报告》在部署2025年政府工作任务时，提及加快推进部分品目消费税征收环节后移并下划地方，增加地方自主财力。这项改革其实已经提了多年，2025年下决心要加快。这项改革影响面很大，好处也是明显的，有利于减轻生产企业的资金压力，并且不会增加纳税人的负担，还有利于引导地方改善消费环境，积极拉动本地消费。财政部数据显示，消费税是中国第三大税种（收入仅次于国内增值税和企业所得税），2024年仅国内消费税约16 532亿元，比上年增长2.6%。消费税是中央税种，仅针对特殊消费品征税，目前有15个税目，收入主要来自烟、成品油、小汽车和酒四个税目。

本项目基本结构框架

本项目基本结构框架，如图6-1所示。

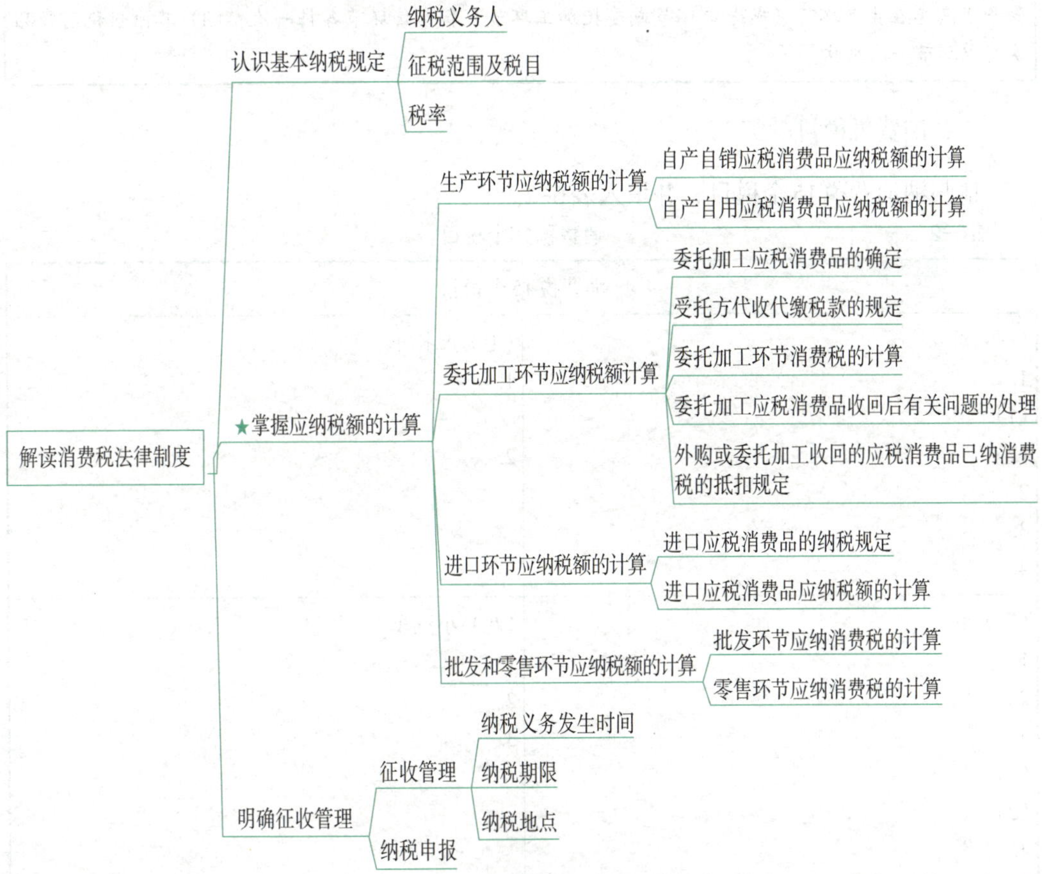

图6-1　本项目基本结构框架图

本项目重难点与业务处理总结

一、消费税纳税环节

请归纳消费税纳税环节的相关规定，并填入表6-1。

表6-1 消费税纳税环节

<table>
<tr><th colspan="2">纳税环节</th><th>适用范围</th></tr>
<tr><td rowspan="3">基本环节</td><td></td><td rowspan="3"></td></tr>
<tr><td></td></tr>
<tr><td></td></tr>
<tr><td rowspan="2">特殊环节</td><td></td><td></td></tr>
<tr><td></td><td></td></tr>
<tr><td colspan="3">【注意】(1) 卷烟、电子烟在生产环节（或进口环节或委托加工环节）和批发环节各征一次；(2) 超豪华小汽车在生产环节（或进口环节或委托加工环节）和零售环节各征一次；(3) 其他应税消费品实行单环节一次征收</td></tr>
</table>

二、消费税税目

请归纳消费税15个税目，并填入表6-2。

表6-2 消费税15个税目

<table>
<tr><th colspan="2">消费税15个税目</th></tr>
<tr><td>(一) 烟
1.
(1)
(2)
2.
3.
4.</td><td>(七) 摩托车
1.

2.</td></tr>
<tr><td>(二) 酒
1.
2.
3.
(1)
(2)
4.</td><td>(八) 小汽车
1.
2.
3.</td></tr>
</table>

续表

消费税15个税目	
（三）	（九）
（四）贵重首饰及珠宝玉石 1. 2.	（十） （十一） （十二）
（五）	（十三）
（六）成品油 1. 2. 3. 4. 5. 6. 7.	（十四） （十五）

三、消费税计算

1. 计算方法及公式

请归纳消费税计税办法、适用范围及计算公式，并填入表6-3。

表6-3　消费税计税办法、适用范围及计算公式

计税办法	适用范围	计算公式
从价定率		
从量定额		
复合计税		

2. 包装物押金的涉税处理

请归纳包装物押金的消费税处理，并填入表6-4。

表6-4　包装物押金的消费税处理

名称	收取时	逾期（不再退还或收取1年以上）
一般应税消费品（含啤酒、黄酒）		
白酒、其他酒		

3. 计税数量的规定

请归纳计税数量在不同纳税环节的相关规定，并填入表6-5。

表6-5 计税数量在不同纳税环节的相关规定

纳税环节	计税数量
销售应税消费品	
自产自用应税消费品	
委托加工应税消费品	
进口的应税消费品	

4. 生产环节的纳税规定

请归纳消费税生产环节的纳税规定，并填入表6-6。

表6-6 生产环节的纳税规定

<table>
<tr><th colspan="2">用途</th><th>税务处理规定</th></tr>
<tr><td colspan="2">一般生产销售</td><td></td></tr>
<tr><td colspan="2">视同生产销售</td><td></td></tr>
<tr><td rowspan="2">自产自用</td><td>将自产的应税消费品，用于连续生产应税消费品</td><td></td></tr>
<tr><td>将自产的应税消费品，用于连续生产非应税消费品或者用于其他方面的</td><td></td></tr>
</table>

5. 委托加工环节的纳税规定

请归纳委托加工环节代收代缴消费税的相关规定，并填入表6-7。

表6-7 委托加工环节代收代缴消费税

<table>
<tr><th>受托方</th><th>消费税纳税人</th><th>消费税的征收</th></tr>
<tr><td>个人</td><td rowspan="2"></td><td></td></tr>
<tr><td>单位</td><td></td></tr>
</table>

6. 委托加工收回的应税消费品收回后的处理规定

请归纳委托加工收回的应税消费品收回后的处理规定，并填入表6-8。

表6-8 委托加工收回的应税消费品收回后的处理规定

<table>
<tr><th colspan="2">情形</th><th>纳税规定</th></tr>
<tr><td rowspan="2">委托方在委托加工应税消费品收回后，直接对外销售的</td><td>“不高于”受托方计税价格出售的</td><td></td></tr>
<tr><td>“高于”受托方计税价格出售的</td><td></td></tr>
<tr><td colspan="2">委托加工应税消费品收回后，用于连续生产应税消费品的（或者外购的应税消费品用于继续生产应税消费品销售的）</td><td></td></tr>
</table>

同步训练

基础知识训练

一、单项选择题

1.（2024年）下列各项中，应缴纳消费税的是（　　）。

A.超市零售电子烟　　B.百货公司零售高档手表

C.球具厂销售自产高尔夫球　　D.汽车厂销售自产电动汽车

2.（2024年）下列应税消费品中，在零售环节征收消费税的是（　　）。

A.钻石　　B.高档化妆品　　C.高档手表　　D.卷烟

3.（2024年）甲涂料厂为增值税一般纳税人，2023年11月销售自产涂料取得含增值税价款1 356 000元，另收取运输装卸费10 170元。已知增值税税率为13%，消费税税率为4%。计算甲涂料厂当月上述业务应缴纳的消费税税额的下列算式中，正确的是（　　）。

A.（1 356 000 + 10 170）÷（1 + 13%）× 4% = 48 360（元）

B.（1 356 000 + 10 170）÷（1 + 4%）× 4% = 52 545（元）

C.356 000 ×（1 + 13%）×4% = 61 291.2（元）

D.356 000 × 4% = 54 240（元）

4.（2024年）某炼油厂2024年2月生产汽油5 500吨，其中5 000吨对外销售，2吨用于本单位管理部门，3吨用于职工福利，剩余汽油尚未销售使用。已知汽油1吨= 1 388升，汽油消费税税率为1.52元/升。计算该炼油厂当月应缴纳消费税税额的下列算式中，正确的是（　　）。

A.5 500 × 1 388 × 1.52 ÷ 10 000 = 1 160.37（万元）

B.（5 000 + 2）× 1 388 × 1.52 ÷ 10 000 = 1 055.30（万元）

C.（5 000 + 3）× 1 388 × 1.52 ÷ 10 000 = 1 055.51（万元）

D.（5 000 + 2 + 3）× 1 388 × 1.52 ÷ 10 000 = 1 055.93（万元）

5.（2024年）甲公司为增值税一般纳税人，2024年2月以20辆自产中轻型商用客车投资乙公司，该类中轻型商用客车生产成本为156 000元/辆，含增值税平均售价为220 000元/辆，含增值税最高售价为237 000元/辆。已知增值税税率为13%，消费税税率为5%。计算甲公司当月该笔业务应缴纳消费税税额的下列算式中，正确的是（　　）。

A.20 × 220 000 ÷（1 + 13%）× 5% = 194 690.27（元）

B.20 × 237 000 × 5% = 237 000（元）

C.20 × 237 000 ÷（1 + 13%）× 5% = 209 734.51（元）

D.20 × 156 000 ÷（1 + 13%）× 5% = 138 053.10（元）

6.（2024 年）甲烟花厂2023年12月受托为乙游乐园加工一批焰火，乙游乐园提供的原材料成本为42.5万元，甲烟花厂收取不含增值税加工费17万元，甲烟花厂无同类焰火销售价格。已知消费税税率为15%，计算甲烟花厂该业务应代收代缴消费税税额的下列算式中，正确的是（　　）。

A.（42.5 + 17）÷（1 − 15%）× 15% = 10.5（万元）

B.［42.5 ÷（1 − 15%）+ 17］×15% = 10.05（万元）

C.（42.5 + 17）× 15% = 8.925（万元）

D.17 × 15% = 2.55（万元）

7.（2023年）下列各项中，属于消费税征税范围的是（　　）。

A.电动汽车　　B.体育上用的发令纸

C.调味料酒　　D.航空煤油

8.（2023年）根据消费税法律制度的规定，下列行为中应缴纳消费税的是（　　）。

A.外贸公司进口金银首饰　　B.超市零售卷烟

C.轮胎厂销售自产汽车轮胎　　D.4S 店零售超豪华小汽车

9.（2023年）2022年12月甲地板厂受托为乙公司加工一批实木地板，乙公司提供的材料成本为45 000元，甲地板厂收取不含增值税加工费12 000元。甲地板厂同类实木地板销售价格为100 000元，乙公司同类实木地板销售价格为120 000元。已知消费税税率为5%。计算甲地板厂上述业务应代收代缴消费税税额的下列算式中，正确的是（　　）。

A.120 000 × 5% = 6 000（元）

B.（45 000 + 12 000）÷（1− 5%）× 5% = 3 000（元）

C.（45 000 + 12 000）× 5% = 2 850（元）

D.100 000 × 5% = 5 000（元）

10.（2022年）甲金店为增值税一般纳税人，2022年11月将金银首饰连同包装物零售给消费者，取得含增值税销售额118 650元，其中金银首饰含增值税售价113 000元，包装物含增值税售价5 650元。已知增值税税率为13%，消费税税率为5%。计算甲金店当月上述业务应缴纳消费税税额的下列算式中，正确的是（　　）。

A.（113 000 − 5 650）÷（1 + 13%）× 5% = 4 750（元）

B.118 650 ÷（1 + 13%）× 5% = 5 250（元）

C.（118 650 + 5 650）÷（1 + 13%）× 5% = 5 500（元）

D.113 000 ÷（1 + 13%）× 5% = 5 000（元）

11.（2022年）甲商场为增值税一般纳税人，2022年10月采取以旧换新方式销售金项链100条，金项链同期含增值税售价5 989元/条，折价收回同类旧金项链作价5 085元/条，已知增值税税率为13%，消费税税率为5%，计算甲商场当月以旧换新销售金项链应缴纳消费税税额的下列算式中，正确的是（　　）。

A.100 ×（5 989 − 5 085）×（1 + 5%）× 5% = 4 746（元）

B.100 × 5 989 ÷（1 + 13%）× 5% = 26 500（元）

C.100×（5 989－5 085）÷（1＋13%）×5%＝4 000（元）

D.100×5 989×5%＝29 945（元）

12.（2022年）甲烟厂为增值税一般纳税人，2022年12月初库存的外购烟丝不含增值税买价5万元，当月外购烟丝不含增值税买价40万元，月末库存的外购烟丝不含增值税买价10万元，领用的烟丝当月全部用于连续生产卷烟。已知烟丝消费税税率为30%。计算甲烟厂当月准予扣除的外购烟丝已缴纳消费税税额的下列算式中，正确的是（　　）。

A.40×30%＝12（万元）　B.（40－10）×30%＝9（万元）

C.（5＋40－10）×30%＝10.5（万元）　D.（5＋40）×30%＝13.5（万元）

13.（2022年）2021年9月5日，甲公司与乙公司签订书面合同，采用预收货款结算方式向乙公司销售一批自产高档化妆品。甲公司9月10日收到80%的货款，9月20日发出货物，9月30日收到尾款。甲公司该业务消费税纳税义务发生时间为（　　）。

A.9月10日　B.9月20日　C.9月30日　D.9月5日

14.（2021年）根据消费税法律制度的规定，下列情形中，应征收消费税的是（　　）。

A.化妆品厂移送自产高档香水用于连续生产高档化妆品

B.黄金首饰加工厂将自产黄金项链批发给商业零售公司

C.手机厂将自产智能手机赠送给客户

D.酒厂将自产白酒销售给商场

15.（2021年）根据消费税法律制度的规定，下列各项中，应作为委托加工应税消费品缴纳消费税的是（　　）。

A.由委托方提供原料和主要材料，受托方只收取加工费加工的应税消费品

B.受托方以委托方名义购进原材料生产的应税消费品

C.由受托方提供原材料生产的应税消费品

D.受托方先将原材料卖给委托方，然后再接受加工的应税消费品

16.（2021年）甲汽车经销商为增值税一般纳税人，2019年10月零售超豪华小汽车11辆。取得含增值税销售额2 034万元。已知增值税税率为13%，消费税率为10%。计算甲汽车经销商当月零售超豪华小汽车应缴纳消费税税额的下列算式中，正确的是（　　）。

A.2 034÷（1−10%）×10%＝226（万元）

B.2 034÷（1+13%）×10%＝180（万元）

C.2 034×10%＝203.4（万元）

D.2 034÷（1＋13%）÷（1－10%）×10%＝200（万元）

17.（2021年）甲酒厂为增值税一般纳税人，2019年8月销售用自产葡萄酒和外购月饼组成的“中秋”礼盒500套，每套含增值税售价565元，其中葡萄酒含增值税售价339元。已知增值税税率为13%，消费税税率为10%。计算甲酒厂当月销售“中秋”礼盒应缴纳消费税税额的下列算式中，正确的是（　　）。

A.500×565×10%＝28 250（元）

B.500 × 339 ÷（1 + 13%）× 10% = 15 000（元）

C.500 × 565 ÷（1 + 13%）× 10% = 25 000（元）

D.500 × 339 × 10% = 16 950（元）

18.（2021年）2019年10月甲酒厂将自产的4吨白酒用于抵偿债务，该白酒生产成本50 000元/吨，当月同类白酒不含增值税平均售价80 000元/吨、最高售价90 000元/吨。已知消费税比例税率为20%，定额税率为0.5元/500克，1吨=1 000千克。计算甲酒厂当月该笔业务应缴纳消费税税额的下列算式中，正确的是（　　）。

A.4 × 90 000 × 20% + 4 × 1 000 × 2 × 0.5 = 76 000（元）

B.（4×50 000+4×1 000×2×0.5）÷（1－20%）×20%+4×1 000×2×0.5=55 000（元）

C.4 × 80 000 × 20% + 4 × 1 000 × 2 × 0.5 = 68 000（元）

D.4 × 50 000 ×（1 + 20%）× 20% + 4 ×1 000 × 2 × 0.5 = 52 000（元）

19.（2021年）甲酒厂为增值税一般纳税人，2019年11月销售自产白酒50吨，取得不含增值税价款2 200 000元。同时收取包装物押金45 200元，当月不予退还3个月前销售自产白酒时收取的包装物押金33 900元。已知增值税税率为13%；消费税比例税率为20%，定额税率为0.5元/500克；1吨=1 000千克。计算甲酒厂当月上述业务应缴纳消费税税额的下列算式中，正确的是（　　）。

A.［2 200 000+45 200÷（1+13%）］×20%+50×1 000×2×0.5=498 000（元）

B.［2 200 000+33 900÷（1+13%）］×20%+50×1 000×2×0.5=496 000（元）

C.（2 200 000 + 33 900）× 20% + 50 × 1 000 × 2 × 0.5 = 496 780（元）

D.（2 200 000 + 45 200）× 20% = 449 040（元）

20.（2021年）甲公司为增值税一般纳税人，2019年9月进口白酒3吨，海关核定的关税完税价格为900 000元。已知关税税率为10%；消费税比例税率为20%，定额税率为0.5元/500克；1吨=1 000千克。计算甲公司当月该笔业务应缴纳消费税税额的下列算式中，正确的是（　　）。

A.［900 000 ×（1 + 10%）+ 3 × 1 000 × 2 × 0.5］÷（1 － 20%）× 20% + 3 × 1 000 × 2 × 0.5 = 251 250（元）

B.900 000 ÷（1 － 20%）× 20% = 225 000（元）

C.［900 000×（1+10%）+3×1 000×2×0.5］÷（1－20%）×20%=248 250（元）

D.［900 000 ÷（1 － 20%）× 20%］+ 3 × 1 000 × 2 × 0.5 = 228 000（元）

二、多项选择题

1.（2024年）下列各项中，属于消费税征税范围的有（　　）。

A.食用油　B.木制一次性筷子　C.实木地板　D.高尔夫球

2.（2024年）下列关于从量计征消费税，销售数量的确定的表述中，正确的有（　　）。

A.自产自用应税消费品的，为应税消费品的移送使用数量

B.销售应税消费品的，为应税消费品的销售数量

C.委托加工应税消费品的，为纳税人收回的应税消费品数量

D. 进口应税消费品的，为应税消费品的申报进口数量

3.（2024年）甲酒厂销售自产白酒收取的下列款项中，应计入销售额缴纳消费税的有（　　）。

A. 增值税销项税额　　B. 品牌使用费

C. 延期付款利息　　D. 包装物租金

4.（2023年）根据消费税法律制度的规定，下列有关卷烟批发环节消费税的表述中，正确的有（　　）。

A. 烟草批发企业兼营卷烟批发和零售业务，但未分别核算批发和零售环节的销售额、销售数量的，按全部销售额、销售数量计征批发环节消费税

B. 卷烟批发企业在计算应纳税额时可以扣除已含生产环节的消费税税款

C. 卷烟批发环节消费税目前采用复合计税办法计征

D. 烟草批发企业将卷烟销售给其他烟草批发企业的，不缴纳消费税

5.（2023年）根据消费税法律制度的规定，下列关于消费税纳税义务发生时间的表述中，正确的有（　　）。

A. 进口应税消费品的，为报关进口的当天

B. 采用预收货款结算方式的，为发出应税消费品的当天

C. 自产自用应税消费品的，为移送使用的当天

D. 委托加工应税消费品的，为纳税人提货的当天

6.（2022年）根据消费税法律制度的规定，下列行为中，应当缴纳消费税的有（　　）。

A. 汽车厂将自产的小汽车赞助给某综艺节目

B. 酒厂将自产的白酒赠送给合作单位

C. 卷烟厂将自产的烟丝用于连续生产卷烟

D. 地板厂将自产的实木地板用于办公楼装修

7.（2022年）根据消费税法律制度的规定，下列应税消费品中，在零售环节征收消费税的有（　　）。

A. 涂料　　B. 实木地板　　C. 钻石饰品　　D. 超豪华小汽车

8.（2021年）根据消费税法律制度的规定，下列各项中，属于消费税征税范围的有（　　）。

A. 高尔夫车　　B. 中轻型商用客车　　C. 沙滩车　　D. 超豪华小汽车

9.（2021年）根据消费税法律制度的规定，甲化妆品厂自产高档化妆品的下列用途中，应征收消费税的有（　　）。

A. 移送用于连续生产高档化妆品　　B. 用于广告

C. 用于职工福利　　D. 用于馈赠客户

10.（2021年）根据消费税法律制度的规定，下列情形中，应当以纳税人同类应税消费品的最高销售价格作为消费税计税依据的有（　　）。

A. 将自产涂料用于换取生产资料　　B. 将自产实木地板用于投资入股

C. 将自产小汽车用于抵偿债务　　D. 将自产高档化妆品用于换取消费资料

三、判断题

1.（2022年）消费税纳税人兼营不同税率的应税消费品，未分别核算销售额、销售数量的，从高适用税率。（ ）

2.（2022年）卷烟批发企业将卷烟销售给零售企业，在计算消费税应缴纳税额时，准予扣除外购卷烟已含的生产环节消费税税款。（ ）

3. 纳税人将自产的汽油用于本公司运输车辆的，不需要缴纳消费税。（ ）

4. 酒厂销售自产葡萄酒收取的包装物押金，应并入销售额征收消费税。（ ）

5. 甲公司委托乙卷烟厂加工烟丝，其消费税纳税义务发生时间为甲公司提取加工完成的烟丝的当天。（ ）

6. 委托个人加工应税消费品，应在受托方居住地解缴消费税。（ ）

7. 烟草批发企业将卷烟销售给其他烟草批发企业的，应缴纳消费税。（ ）

8. 雪茄烟适用从价定率和从量定额相结合的复合计征办法征收消费税。（ ）

9. 委托加工的应税消费品，除受托方为个人之外，应由受托方在向委托方交货时代收代缴消费税。（ ）

10. 纳税人通过自设非独立核算门市部销售的自产应税消费品，应按照门市部对外销售额或销售数量征收消费税。（ ）

案例分析训练

【业务案例6-1】甲化妆品公司为增值税一般纳税人，主要从事各类化妆品的生产、销售和加工业务。2025年6月有关经营情况如下：

（1）进口一批高档香水，海关核定的关税完税价格为425 000元。

（2）销售自产M型高档美容类化妆品，取得含增值税价款960 500元，同时收取包装费28 815元。

（3）受托为乙公司加工N型高档修饰类化妆品，乙公司提供原材料成本85 000元，甲化妆品公司收取含增值税加工费34 578元。甲化妆品公司无同类高档修饰类化妆品销售价格。

（4）将自产P型高档护肤类化妆品分别用于馈赠合作单位、广告投放、赞助电视台举办的晚会，以及奖励本公司员工。

已知：关税税率为6%，消费税税率为15%，增值税税率为13%。

要求：根据上述资料，不考虑其他因素，分析回答下列小题。

1. 计算甲化妆品公司当月进口高档香水应缴纳消费税税额的下列算式中，正确的是（ ）。

A.425 000×（1+6%）×15%=67 575（元）

B.425 000×15%=63 750（元）

C.425 000×（1+6%）÷（1−15%）×15%=79 500（元）

D.425 000 ÷（1 − 15%）× 15% = 75 000（元）

2.计算甲化妆品公司当月销售自产M型高档美容类化妆品应纳消费税的下列算式中，正确的是（ ）。

A.（960 500 + 28 815）÷（1 + 13%）× 15% = 131 325（元）

B.960 500 × 15% = 144 075（元）

C.960 500 ÷（1 + 13%）× 15% = 127 500（元）

D.（960 500 + 28 815）× 15% = 148 397.25（元）

3.计算甲化妆品公司当月受托加工N型高档修饰类化妆品应代收代缴消费税税额的下列算式中，正确的是（ ）。

A.（85 000 + 34 578）÷（1 − 15%）× 15% = 21 102（元）

B. 85 000 ÷（1 − 15%）× 15% = 15 000（元）

C.［85 000 + 34 578 ÷（1 + 13%）］÷（1 − 15%）× 15% = 20 400（元）

D.（85 000 + 34 578）× 15% = 17 936.7（元）

4.甲化妆品公司当月自产P型高档护肤类化妆品的下列用途中，应缴纳消费税的是（ ）。

A.用于馈赠合作单位　　B.用于赞助电视台举办的晚会

C.用于奖励本公司员工　　D.用于广告投放

【业务案例6-2】甲企业为增值税一般纳税人，主要从事小汽车的制造和销售业务。2025年6月有关业务如下：

（1）销售1辆定制小汽车取得含增值税价款232 000元，另收取手续费34 800元。

（2）将20辆小汽车对外投资，小汽车生产成本10万元/辆，甲企业同类小汽车不含增值税最高销售价格16万元/辆、平均销售价格15万元/辆、最低销售价格14万元/辆。

（3）采取预收款方式销售给4S店一批小汽车，当月5日签订合同，当月10日收到预收款，当月15日发出小汽车，当月20日开具发票。

（4）生产中轻型商用客车500辆，其中480辆用于销售、10辆用于广告、8辆用于企业管理部门、2辆用于赞助。

已知：小汽车增值税税率为13%，消费税税率为5%。

要求：根据上述资料，分析回答下列问题。

1.甲企业销售定制小汽车应缴纳的消费税税额的下列计算中，正确的是（ ）。

A.232 000 × 5% = 11 600（元）

B.（232 000 + 34 800）÷（1 + 13%）× 5% = 11 805.31（元）

C.236 000 ÷（1 + 13%）× 5% = 10 442.48（元）

D.（232 000 + 34 800）× 5% = 13 340（元）

2.甲企业以小汽车投资应缴纳消费税税额的下列计算中，正确的是（ ）。

A.20 × 16 × 5% = 16（万元）　　B.20 × 15 × 5% = 15（万元）

C.20 × 10 × 5% = 10（万元）　　D.20 × 14 × 5% = 14（万元）

3.甲企业采用预收款方式销售小汽车，消费税的纳税义务发生时间是（ ）。

A.6月5日　B.6月10日　C.6月15日　D.6月20日

4. 下列行为应缴消费税的是（　　）。

A.480辆用于销售　　B.10辆用于广告

C.8辆用于企业管理部门　　D.2辆用于赞助

纳税申报实训

【实训业务6-1】成都金沙卷烟厂（纳税人识别号：91510105201002666T）为增值税一般纳税人，生产销售红鹤牌、紫荆牌卷烟和雪茄烟，同时经营进口卷烟。2025年6月有关消费税纳税业务如下：

（1）发往信德加工厂烟叶一批，委托加工烟丝，该批烟叶的账面成本为35万元，支付不含税加工费15万元并取得税控专用发票，该烟丝加工厂没有同类烟丝的销售价格。

（2）从国外进口万宝牌卷烟100标准箱（每条200支），支付买价165万元，支付到达我国海关前的运输费用1.5万元、保险费用1.2万元，假定进口卷烟的关税税率为20%。

（3）委托信德加工厂加工烟丝收回后全部用于加工生产红鹤牌卷烟，出售生产的卷烟50标准箱，取得不含税收入93.75万元。

（4）将25标准箱红鹤牌卷烟与嘉庆实业有限公司（一般纳税人）换取原材料，该公司提供原材料价款40万元，增值税税额6.4万元，双方均按合同规定的价格开具了增值税专用发票（红鹤牌卷烟的最高售价为21 250元/箱）。

（5）销售紫荆牌卷烟给各商场120标准箱，取得不含税销售收入360万元，由于货款收回及时，给予各商场2%的现金折扣。

（6）本月销售冠胜牌雪茄烟120盒，取得不含税销售额60万元，收取包装费4 957.26元，开具普通发票。

已知卷烟消费税税率为56%加150元/箱，烟丝消费税税率为30%，雪茄烟消费税税率为36%。增值税税率为13%。假定期初未缴纳消费税2 352 640元，本月15日已缴纳上月消费税。

要求：

（1）计算信德加工厂代收代缴的消费税。

（2）计算卷烟厂进口万宝牌卷烟应缴纳的消费税。

（3）计算卷烟厂本月应纳的消费税（不包括进口环节消费税）。

（4）填制该企业“烟类应税消费品消费税纳税申报表”和“本期准予扣除税额计算表”。

项目七

解读企业所得税法律制度

学习指导

2024年，为落实《国务院关于印发〈推动大规模设备更新和消费品以旧换新行动方案〉的通知》（国发〔2024〕7号）要求，财政部联合税务总局出台了节能节水、环境保护和安全生产专用设备数字化、智能化改造企业所得税优惠政策。为落实好上述政策，结合纳税人反映较多的财务报表样式更新等新情况，税务总局对《中华人民共和国企业所得税年度纳税申报表（A类，2017年版）》的部分表单进行了修订（详见：国家税务总局公告2025年第1号），进一步提升服务管理质效。本次修订主要涉及8张表单，其中取消2张表单、修订6张表单。此外，对企业所得税年度纳税申报表填报表单和其余15张关联表单中关于表间关系的填报说明进行同步调整。

本项目基本结构框架

本项目基本结构框架，如图7-1所示。

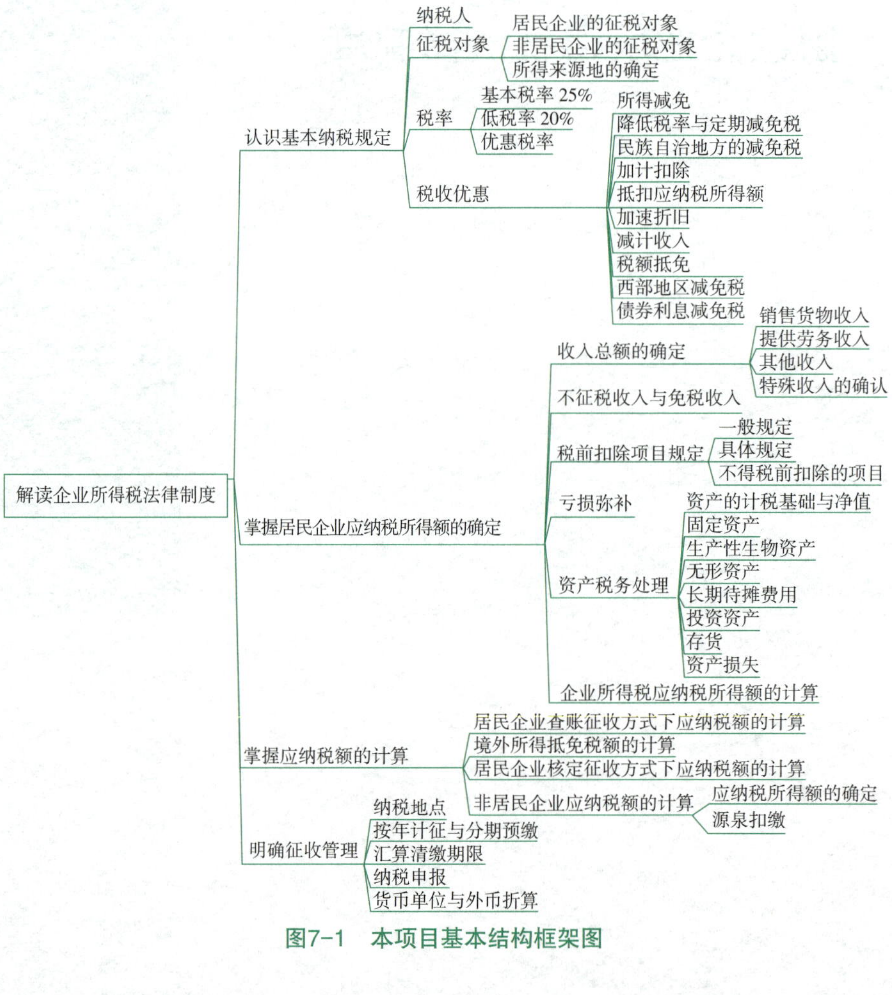

图7-1　本项目基本结构框架图

本项目重难点与业务处理总结

一、企业所得税纳税人

请归纳企业所得税不同纳税人的划分标准及纳税义务，并填入表7-1。

表7-1 企业所得税不同纳税人的划分标准及纳税义务

<table>
<tr><th>纳税人</th><th>划分标准</th><th>纳税义务</th></tr>
<tr><td rowspan="2">居民企业</td><td></td><td rowspan="2"></td></tr>
<tr><td></td></tr>
<tr><td rowspan="2">非居民企业</td><td></td><td></td></tr>
<tr><td></td><td></td></tr>
</table>

二、所得来源地的确定

请归纳所得来源地的相关规定，并填入表7-2。

表7-2 所得来源地

<table>
<tr><th colspan="2">所得类型</th><th>来源地的确定</th></tr>
<tr><td colspan="2">销售货物所得</td><td></td></tr>
<tr><td colspan="2">提供劳务所得</td><td></td></tr>
<tr><td rowspan="3">转让
财产所得</td><td>不动产转让所得</td><td></td></tr>
<tr><td>动产转让所得</td><td></td></tr>
<tr><td>权益性投资资产转让所得</td><td></td></tr>
<tr><td colspan="2">股息、红利等权益性投资所得</td><td></td></tr>
<tr><td colspan="2">利息所得</td><td rowspan="3"></td></tr>
<tr><td colspan="2">租金所得</td></tr>
<tr><td colspan="2">特许权使用费所得</td></tr>
</table>

三、企业所得税税率

1. 企业所得税的税率

请归纳企业所得税税率的相关规定，并填入表7-3。

表7-3　　企业所得税税率

税率形式	适用范围
基本税率25%	
低税率20%	
优惠税率	

2.企业所得税的优惠政策

请归纳企业所得税主要税收优惠政策，并填入表7-4。

表7-4　　企业所得税主要税收优惠政策

优惠类型	优惠规定
农、林、牧、渔业项目所得	
国家重点扶持的公共基础设施项目投资经营所得	
从事符合条件的环境保护、节能节水项目的所得	
购置并使用环境保护、节能节水、安全生产的专用设备	
专用设备数字化、智能化改造投入	
技术转让所得	
小型微利企业	
高新技术企业 技术先进型服务企业 从事污染防治的第三方企业	

续表

优惠类型		优惠规定
生产和装配伤残人员专门用品企业		
加计扣除	研究开发费用加计扣除	
	安置残疾人员的工资加计扣除	
	企业出资给非营利性单位用于基础研究的支出	
创业投资企业采取股权投资方式投资于未上市的中小高新技术企业2年以上的		
固定资产加速折旧政策	适用所有企业的固定资产	
	适用所有企业单价不超过5 000元的固定资产	
	适用于2014年1月1日以后购进的所有企业专用研发的固定资产	
	单价不超过500万元的设备、器具	
企业综合利用资源		
为社区提供养老、托育、家政等服务的机构		
西部地区减免税		

四、企业所得税应纳税所得额的确定

1. 收入总额

请归纳不同销售方式下收入的确认时间，并填入表7-5。

表7-5　不同销售方式下收入的确认时间

收入类型		企业所得税应税收入确认时间
销售货物收入	采用托收承付方式	
	采用预收款方式	
	销售商品需要安装和检验的	
	采用支付手续费方式委托代销	
	采用分期收款和赊销方式	
	采取产品分成方式	
提供劳务收入		
股息、红利等权益性投资收益		
利息收入		
租金收入		
特许权使用费收入		
接受捐赠收入		

2. 不征税收入和免税收入

请归纳不征税收入和免税收入的共同点和不同点，并填入表7-6。

表7-6　不征税收入和免税收入的共同点和不同点

收入类型	共同点	不同点
不征税收入		
免税收入		

3. 税前扣除项目

（1）请归纳与人员报酬、福利相关项目的税前扣除规定，并填入表7-7。

表7-7　与人员报酬、福利相关项目的税前扣除规定

项目	税前扣除规定
工资薪金	
职工福利费	
职工工会经费	
职工教育经费	
基本社会保险、住房公积金	
补充社会保险	

续表

项目	税前扣除规定
财产保险	
劳动保护支出	
特殊工种职工支付的人身安全保险费；职工因公出差乘坐交通工具发生的人身意外保险费支出；企业参加雇主责任险、公众责任险等责任保险，按照规定缴纳的保险费	
商业保险费	不得扣除

（2）请归纳与生产经营直接相关项目的税前扣除规定，并填入表7-8。

表7-8　与生产经营直接相关项目的税前扣除规定

项目		税前扣除规定	
业务招待费			
广告费和业务宣传费			
利息费用		据实扣除	
		限额扣除	
借款费用			
公益性捐赠			
经营租赁费			
融资租赁费			
资产损失			
其他扣除项目	环境保护专项资金		
	汇兑损失		
	手续费及佣金支出		
党组织工作经费			
其他支出项目			

五、资产的税务处理

请归纳各类资产的折旧摊销年限的相关规定，并填入表7-9。

表7-9 各类资产的折旧摊销年限

资产名称	最低年限
固定资产	
生产性生物资产	
无形资产	
长期待摊费用	
投资资产	
存货	
资产损失	

六、企业所得税征收管理

请归纳企业所得税征收管理的相关规定，并填入表7-10。

表7-10 企业所得税征收管理

类型	纳税地点	纳税期限
居民企业		
在中国境内设立机构、场所的非居民企业		
在中国境内未设立机构、场所，或者虽设立机构、场所但取得的所得与其所设机构、场所没有实际联系的非居民企业		

同步训练

基础知识训练

一、单项选择题

1.（2024年）根据企业所得税法律制度的规定，下列所得中，按负担、支付所得的企业或者机构、场所所在地或个人住所地确定所得来源的是（　　）。

A.动产转让所得　　B.租金所得

C.提供劳务所得　　D.销售货物所得

2.（2024年）下列支出中，准予在企业所得税税前扣除的是（　　）。

A.向投资者支付的股息　　B.企业之间支付的管理费

C.税收滞纳金　　D.向银行支付的逾期罚息

3.（2024年）根据企业所得税法律制度的规定，固定资产的大修理支出需要符合相应的条件，其中修理费支出应达到取得固定资产时计税基础的一定比例以上，该比例是（　　）。

A.20%　　B.30%　　C.50%　　D.10%

4.（2024年）下列各项中，减半征收企业所得税的是（　　）。

A.林产品的采集　　B.香料作物的种植

C.家禽的饲养　　D.农作物新品种的选育

5.（2024年）居民企业取得的来源于中国境外的应税所得已在境外缴纳的所得税税额，可以从其当期应纳税额中抵免，抵免限额为该项所得依照规定计算的应纳税额；超过抵免限额的部分，可以在以后一定年度内，用每年抵免限额抵免当年应抵税额后的余额进行抵补。该年限为（　　）年。

A.5　　B.6　　C.8　　D.10

6.（2024年）某公司收入总额10 000万元，各项扣除7 000万元，准予扣除的以前年度亏损200万元，已知企业所得税税率为25%，计算该公司应缴纳企业所得税税额的下列算式中，正确的是（　　）。

A.10 000×25%＝2 500（万元）

B.（10 000－7 000－200）×25%＝700（万元）

C.（10 000－7 000）×25%＝750（万元）

D.（10 000－200）×25%＝2 450（万元）

7.（2023年）根据企业所得税法律制度的规定，关于来源于中国境内、境外所得确定原则的下列表述中，不正确的是（　　）。

A.权益性投资资产转让所得，按照投资企业所在地确定

B.不动产转让所得，按照不动产所在地确定

C.销售货物所得，按照交易活动发生地确定

D.提供劳务所得，按照劳务发生地确定

8.（2023年）在中国境内设立机构、场所且取得的所得与其所设机构、场所有实际联系的非居民企业适用的企业所得税税率是（　　）。

A.10%　　B.20%　　C.25%　　D.33%

9.（2023年）根据企业所得税法律制度的规定，下列企业取得的收入中，属于非货币性收入的是（　　）。

A.应收票据　　B.应收账款

C.豁免的债务　　D.一年内不准备持有至到期的债券

10.（2023年）甲公司对外销售W货物，价格100万元，给予购买方商业折扣10万元，销售Y货物，价格80万元，给予购买方现金折扣5万元，上述销售业务中，甲公司

应确认的企业所得税收入总额为（　　）万元。

A.180　　B.175　　C.170　　D.165

11.（2023年）根据企业所得税法律制度的规定，下列关于收入确认时间的表述中，错误的是（　　）。

A. 特许权使用费收入，按照合同约定的特许权使用人应付特许权使用费的日期确认收入的实现

B. 接受捐赠收入，按照实际收到捐赠资产的日期确认收入的实现

C. 利息收入，按照合同约定的债务人应付利息的日期确认收入的实现

D. 租金收入，按照出租人实际收到租金的日期确认收入的实现

12.（2023年）根据企业所得税法律制度的规定，下列业务中，不属于视同销售货物的是（　　）。

A.将外购货物用于捐赠　　B.将自产货物用于办公

C.将自产货物用于赞助　　D.将外购货物用于偿债

13.（2023年）某服装厂为居民纳税人，2022年计入成本、费用的实发工资总额为500万元，支出职工福利费75万元、职工教育经费10万元，拨缴职工工会经费8.4万元。已知，企业发生的职工福利费支出、职工教育经费支出、工会经费支出，分别不超过工资薪金总额14%、8%、2%的部分准予扣除。该企业2022年计算应纳税所得额时准予在税前扣除的三项经费合计是（　　）万元。

A.75.4　　B.78.4　　C.88.4　　D.90

14.（2023年）甲公司的下列固定资产中，在计算企业所得税应纳税所得额时，不得计算折旧扣除的是（　　）。

A. 以融资租赁方式租入的生产设备

B. 以经营租赁方式租出的运输设备

C. 新建成但尚未投入使用的研发中心大楼

D. 购买后未投入使用的办公设备

15.（2023年）甲公司2016年度至2022年度未弥补亏损前的企业所得税应纳税所得额见表7-11。已知企业所得税税率为25%。

表7-11　　未弥补亏损前的企业所得税应纳税所得额　　单位：万元

纳税年度	2016年	2017年	2018年	2019年	2020年	2021年	2022年
应纳税所得额	-120	-230	550	-700	600	-300	800

甲公司2022年度应缴纳企业所得税税额为（　　）万元。

A.180　　B.100　　C.150　　D.95

16.（2023年）根据企业所得税法律制度的规定，企业从事下列项目取得的所得中，免征企业所得税的是（　　）。

A.花卉种植　　B.海水养殖　　C.远洋捕捞　　D.香料作物种植

17.（2023年）在中国境内未设立机构、场所的非居民企业，其取得的来源于中国境内的下列所得中，以收入差额为企业所得税应纳税所得额的有（　　）。

A.租金所得　　B.特许权使用费所得
C.股息所得　　D.财产转让所得

18.（2023年）甲公司2023年度为符合条件的小型微利企业，当年企业所得税应纳税所得额210万元。已知，小型微利企业减按20%的税率征收企业所得税。计算甲公司2023年度应缴纳企业所得税税额的下列算式中，正确的是（　　）。

A.210×20%＝42（万元）
B.210×12.5%×20%＝5.25（万元）
C.210×25%×20%＝10.5（万元）
D.100×12.5%×20%＋（210－100）×25%×20%＝8（万元）

19.（2022年）甲企业2022年度计入成本、费用的实发合理的工资总额为500万元，拨缴工会经费12万元，发生职工福利费50万元、职工教育经费15万元。已知，在计算企业所得税应纳税所得额时，工会经费、职工福利费支出、职工教育经费支出的扣除比例依次为不超过工资薪金总额的2%、14%和8%。根据企业所得税法律制度的规定，甲企业2022年度企业所得税税前准予扣除的工资和三项经费合计为（　　）万元。

A.75　　B.95　　C.575　　D.595

20.（2022年）根据企业所得税法律制度的规定，企业为员工缴纳的下列保险费，不得在税前扣除的是（　　）。

A.基本医疗保险费
B.补充养老保险费
C.商业保险费
D.因公出差乘坐交通工具发生的人身意外保险费

二、多项选择题

1.（2024年）下列保险费用中，在计算企业所得税应纳税所得额时准予扣除的有（　　）。

A.为投资者家庭支付的财产保险费用
B.企业职工因公出差乘坐交通工具发生的人身意外保险费
C.为雇主支付的责任保险费用
D.为公众支付的责任保险费用

2.（2024年）根据企业所得税法律制度的规定，下列固定资产中，在计算企业所得税应纳税所得额时不得计算折旧扣除的有（　　）。

A.以经营租赁方式租入的运货汽车
B.以融资租赁方式租出的大型机床
C.已足额提取折旧仍继续使用的办公电脑
D.未投入使用的厂房

3.（2024年）下列各项中，属于企业所得税税收优惠的有（　　）。

A.加计扣除　　B.免税收入　　C.降低税率　　D.减计收入

4.（2024年）下列支出中，可以在计算企业所得税应纳税所得额时加计扣除的有（　　）。

A.出资给高等学校用来基础研究的支出

B.开发新产品的研究开发费用

C.残疾人员工资

D.对高新技术企业的投资支出

5.（2024年）在中国境内未设立机构、场所的非居民企业，其取得的来源于中国境内的下列所得中，以收入全额为企业所得税应纳税所得额的有（　　）。

A.租金所得　　B.利息所得

C.转让财产所得　　D.股息、红利等权益性投资收益

6.（2023年）下列企业均从事国家非限制和禁止行业，其中属于小型微利企业的有（　　）。

A.年度企业所得税应纳税所得额400万元、从业人数260人、资产总额4 000万元的甲企业

B.年度企业所得税应纳税所得额200万元、从业人数160人、资产总额4 000万元的乙企业

C.年度企业所得税应纳税所得额500万元、从业人数500人、资产总额6 000万元的丙企业

D.年度企业所得税应纳税所得额200万元、从业人数260人、资产总额3 000万元的丁企业

7.（2023年）2022年9月，甲设备制造公司的下列支出中，适用企业所得税税前加计扣除政策的有（　　）。

A.对关联企业的投资60万元　　B.支付给设备经销商的返利20万元

C.新技术研究开发费用500万元　　D.安置残疾职工所支付的工资18万元

8.（2022年）根据企业所得税法律制度的规定，下列所得中应当按照负担、支付所得的企业或者机构、场所所在地确定所得来源地的有（　　）。

A.租金所得　　B.特许权使用费所得

C.销售货物所得　　D.动产转让所得

9.（2022年）根据企业所得税法律制度的规定，下列关于收入确认时间的表述中，正确的有（　　）。

A.接受捐赠收入，按照合同约定的受赠人接受捐赠资产的日期确认收入的实现

B.特许权使用费收入，按照合同约定的特许权使用人应付特许权使用费的日期确认收入的实现

C.租金收入，按照承租人实际支付租金的日期确认收入的实现

D.利息收入，按照合同约定的债务人应付利息的日期确认收入的实现

10.（2022年）根据企业所得税法律制度的规定，企业从事下列项目的所得中，免征企业所得税的有（　　）。

A.林产品的采集　　B.香料作物的种植

C.家禽的饲养　　D.农作物新品种的选育

11.（2021年）根据企业所得税法律制度的规定，下列各项中，属于企业所得税纳税人的有（　　）。

A.乙合伙企业　　B.丙股份有限公司　C.丁个体工商户　　D.甲有限责任公司

12.（2021年）根据企业所得税法律制度的规定，下列关于确定所得来源地的表述中，正确的有（　　）。

A. 不动产转让所得按照不动产所在地确定

B. 销售货物所得按照交易活动发生地确定

C. 提供劳务所得按照劳务发生地确定

D. 股息所得按照取得股息的企业所在地确定

13.（2021年）根据企业所得税法律制度的规定，下列各项中，属于不征税收入的有（　　）。

A.依法收取并纳入财政管理的政府性基金

B.接受捐赠收入

C.国债利息收入

D.财政拨款

14.（2021年）根据企业所得税法律制度的规定，企业按照规定缴纳的下列税金中，在计算企业所得税应纳税所得额时准予扣除的有（　　）。

A.土地增值税　　B.印花税　　C.企业所得税　　D.增值税

15.（2021年）根据企业所得税法律制度的规定，下列各项中，在计算企业所得税应纳税所得额时，不得扣除的有（　　）。

A.向银行支付的逾期罚息　　B.向税务机关缴纳的税收滞纳金

C.向投资者支付的股息　　D.向市场监督管理局缴纳的罚款

16.（2020年）根据企业所得税法律制度的规定，下列各项中，在计算企业所得税应纳税所得额时准予扣除的有（　　）。

A.差旅费　　B.诉讼费用

C.企业之间支付的管理费　　D违约金

17.（2020年）根据企业所得税法律制度的规定，纳税人发生的下列行为中，应视同销售确认收入的有（　　）。

A.将货物用于偿还债务　　B.将货物用于赞助

C.将货物用于捐赠　　D.将货物用于换入设备

18.（2019年）根据企业所得税法律制度的规定，下列各项中，属于转让财产收入的有（　　）。

A.销售原材料取得的收入　　B.转让无形资产取得的收入

C.转让股权取得的收入　　D.提供专利权的使用权取得的收入

19.（2019年）根据企业所得税法律制度的规定，下列关于固定资产计税基础的表述中，正确的有（　　）。

A. 自行建造的固定资产，以竣工结算前发生的支出为计税基础

B. 外购的固定资产，以购买价款和支付的相关税费以及直接归属于使该资产达到

预定用途发生的其他支出为计税基础

C. 通过捐赠方式取得的固定资产，以该资产的公允价值和支付的相关税费为计税基础

D. 盘盈的固定资产，以同类固定资产的重置完全价值为计税基础

20.（2018年）根据企业所得税法律制度的规定，下列固定资产折旧的处理中，不正确的有（　　）。

A. 甲企业2023年3月5日购进一台起重机，2023年4月5日投入使用，应当自2023年4月起计算折旧

B. 丙企业2023年4月1日以融资租赁方式租出一架小型喷气式飞机，之后继续对该飞机计提折旧

C. 乙企业因生产经营调整，于2023年10月1日停止使用一批设备，应当自2023年11月起停止计算折旧

D. 丁企业2023年9月以经营租赁方式租入一辆大型巴士，在计算企业所得税时，对该巴士计提折旧

三、判断题

1.（2024年）依照中国法律、行政法规成立的个人独资企业，属于企业所得税纳税人。（　　）

2.（2024年）企业在汇总计算缴纳企业所得税时，境外机构的亏损可以抵减境内机构的盈利。（　　）

3.（2024年）企业在年度中间终止经营活动的，应当自实际经营终止之日起60日内，向税务机关办理当期企业所得税汇算清缴。（　　）

4.（2023年）依照外国法律成立，但实际管理机构在中国境内的企业为非居民企业。（　　）

5.（2023年）已作坏账损失处理后又收回的应收账款应缴纳企业所得税。（　　）

6.（2023年）企业在汇总计算缴纳企业所得税时，其境外营业机构的亏损不得抵减境内营业机构的盈利。（　　）

7.（2022年）企业不征税收入用于支出所形成的固定资产，其对应的折旧不得在企业所得税税前计算扣除。（　　）

8.（2022年）非营利组织从事营利性活动取得的收入免征企业所得税。（　　）

9.（2022年）企业参加雇主责任险，按照规定缴纳的保险费，准予在企业所得税税前扣除。（　　）

10.（2021年）企业采取产品分成方式取得收入的，在计算企业所得税应纳税所得额时，按照企业分得产品的日期确认收入的实现，其收入额按照产品的公允价值确定。

（　　）

11.（2021年）计算企业所得税应纳税所得额时，企业的利息收入按照实际收到利息的日期确认收入的实现。（　　）

12.（2020年）在中国境内未设立机构、场所的非居民企业取得来源于中国境内的

所得，以扣缴义务人所在地为企业所得税纳税地点。（　　）

13.（2019年）非居民企业转让财产所得，应按全额缴纳企业所得税。（　　）

14.（2019年）计算企业所得税收入总额时，以分期收款方式销售货物的，按照发货日期确认收入。（　　）

15.（2019年）企业职工因公出差乘坐交通工具发生的人身意外保险费支出，准予企业在计算企业所得税应纳税所得额时扣除。（　　）

16.（2019年）企业投资期间，投资资产的成本在计算企业所得税应纳税所得额时不得扣除。（　　）

17.（2018年）居民企业无须就其来源于中国境外的所得缴纳企业所得税。（　　）

18.（2018年）企业接受捐赠收入，按照实际收到捐赠资产的日期确认企业所得税收入的实现。（　　）

19.（2018年）企业所得税非居民企业委托营业代理人在中国境内从事生产经营活动，该营业代理人视为非居民企业在中国境内设立的机构、场所。（　　）

20.（2017年）企业从事海水养殖项目的所得，免征企业所得税。（　　）

案例分析训练

【业务案例7-1】居民企业甲公司为增值税小规模纳税人，主要从事塑料制品的生产和销售业务。2024年度有关经营情况如下：

（1）取得塑料制品销售收入420万元，持有2023年发行的地方政府债券取得利息收入2万元，取得国债利息收入1万元，接受捐赠收入10万元。

（2）因生产经营需要，4月向乙银行借款60万元，年利率为5.4%；5月向非金融企业丙公司借款120万元，年利率为10%。两笔借款的期限均为6个月，利息均已按约定时间支付并计入财务费用。

（3）自丁公司购入一台生产用机器设备，取得增值税普通发票注明金额30万元、税额3.9万元，向T公司支付该设备安装费，取得增值税普通发票注明金额2万元、税额0.26万元。

（4）支付财产保险费4万元、合同违约金5万元，缴纳诉讼费用3万元、税收滞纳金1万元。

已知：金融企业同期同类贷款年利率为5.4%。

要求：根据上述资料，不考虑其他因素，分析回答下列小题。

1.甲公司2024年度取得的下列收入中，免征企业所得税的是（　　）。

A.接受捐赠收入10万元　　B.塑料制品销售收入420万元

C.地方政府债券利息收入2万元　　D.国债利息收入1万元

2.在计算甲公司2024年度企业所得税应纳税所得额时，计算准予扣除的借款利息支出的下列算式中，正确的是（　　）。

A.（60＋120）×10%÷12×6＝9（万元）

B. 60 × 5.4% ÷ 12 × 6 + 120 × 10% ÷ 12 × 6 = 7.62（万元）

C. （60 + 120）× 5.4% ÷ 12 × 6 = 4.86（万元）

D. 60 × 5.4% ÷ 12 × 6 = 1.62（万元）

3. 计算甲公司2024年度购入的生产用机器设备企业所得税计税基础的下列算式中，正确的是（　　）。

A.30 + 2 = 32（万元）　　B.30 + 3.9 + 2 + 0.26 = 36.16（万元）

C.30 + 3.9 = 33.9（万元）　　D.30 + 3.9 + 2 = 35.9（万元）

4. 在计算甲公司2024年度企业所得税应纳税所得额时，下列各项中，准予扣除的是（　　）。

A. 财产保险费4万元　　B. 合同违约金5万元

C. 税收滞纳金1万元　　D. 诉讼费用3万元

【业务案例7-2】甲公司为居民企业，主要从事服饰生产和销售业务。2024年度有关经营情况如下：

（1）取得销售收入5 000万元。

（2）发生与生产经营活动有关的业务招待费支出100万元，非广告性赞助支出40万元。

（3）通过市体育局向体育事业捐款50万元，通过市民政局向目标脱贫地区捐款30万元用于扶贫，通过公益性社会组织向卫生事业捐款8万元。

（4）缴纳增值税195万元，缴纳城市维护建设税、教育费附加合计19.5万元。

（5）按规定缴纳财产保险费90万元。

（6）利润总额560万元。

已知：业务招待费支出，按照发生额的60%扣除，但最高不得超过当年销售（营业）收入的5‰；公益性捐赠支出不超过年度利润总额12%的部分，准予在计算企业所得税应纳税所得额时扣除。

要求：根据上述资料、不考虑其他因素，分析回答下列小题。

1. 在计算甲公司2024年度企业所得税应纳税所得额时，准予扣除的业务招待费支出是（　　）万元。

A.100　　B.35　　C.60　　D.25

2. 在计算甲公司2024年度企业所得税应纳税所得额时，准予扣除的公益性捐赠支出是（　　）万元。

A.80　　B.88　　C.58　　D.67.2

3. 在计算甲公司2024年度企业所得税应纳税所得额时，下列各项中，不得扣除的是（　　）。

A. 非广告性赞助支出40万元

B. 按规定缴纳的财产保险费90万元

C. 缴纳的城市维护建设税和教育费附加合计为19.5万元

D. 缴纳的增值税195万元

4. 计算甲公司2024年度企业所得税应纳税所得额的下列算式中，正确的是（　　）。

A.560 +（100 × 60% − 5 000 × 5‰）+ 19.5 = 614.5（万元）
B.560 +（100 − 5 000 × 5‰）+ 40 +（50 + 30 + 8 − 560 × 12%）+ 195 = 890.8（万元）
C.560 +（100 − 100 × 60%）+ 30 − 90 = 540（万元）
D.560 + （100 − 5 000 × 5‰）+ 40 = 675（万元）

纳税申报实训

【实训业务7-1】宗信科技有限公司是A市国家重点高新技术企业，属于增值税一般纳税人，税务机关核定的企业所得税征收方式为查账征收，按照实际利润预缴方式预缴企业所得税。企业财务执行2017年版的会计准则，非汇总企业，无分支机构。公司注册资本为500万元，总资产为5 000万元，总人数为800人，公司适用的所得税税率为15%。

假定2025年5月14日进行2024年度的企业所得税汇算清缴，已经预缴所得税额65万元，相关资料见表7-12至表7-22。

表7-12　利润表　会企02表

编制单位：宗信科技有限公司　2024年12月　单位：元

项目	本期金额
一、营业收入	82 000 000.00
减：营业成本	45 760 000.00
税金及附加	9 250 000.00
销售费用	10 100 000.00
管理费用	12 500 000.00
研发费用	
财务费用	1 020 000.00
加：其他收益	
投资收益（损失以“−”号填列）	2 075 000.00
其中：对联营企业和合营企业的投资收益	
公允价值变动收益（损失以“−”号填列）	200 000.00
资产减值损失（损失以“−”号填列）	−500 000.00
资产处置收益（损失以“−”号填列）	
二、营业利润（亏损以“−”号填列）	5 145 000.00
加：营业外收入	546 000.00

续表

项目	本期金额
减：营业外支出	390 000.00
三、利润总额（亏损总额以“-”号填列）	5 301 000.00
减：所得税费用	795 150.00
四、净利润（净亏损以“-”号填列）	4 505 850.00
五、其他综合收益的税后净额	
六、综合收益总额	
七、每股收益	
（一）基本每股收益	
（二）稀释每股收益	

表7-13　收入明细表　单位：元

一级科目	明细科目	金额	备注
主营业务收入	销售货物	68 000 000	
	提供劳务	6 000 000	
	让渡使用权	8 000 000	
视同销售收入	货物、财产、劳务视同销售收入	65 000	将自产产品作为员工福利，成本4万元，市场价格6.5万元，未作收入处理
营业外收入	非货币性资产交易	400 000	
	债务重组	26 000	
	政府补助	120 000	

表7-14　成本明细表　单位：元

一级科目	明细科目	金额	备注
主营业务成本	销售货物	41 560 000	
	提供劳务	4 200 000	
视同销售成本	货物、财产、劳务视同销售成本	40 000	将自产产品作为员工福利，成本4万元，市场价格6.5万元，未作收入处理
营业外支出	罚款	90 000	工商罚款3万元，合同违约金6万元
	其他	300 000	给购货方回扣12万元，环境保护支出8万元，关联企业赞助支出10万元

续表

一级科目	明细科目	金额	备注
期间费用	销售费用	10 100 000	
	管理费用	12 500 000	
	财务费用	1 020 000	

表7-15　税收优惠　单位：元

一级科目	明细科目	金额
投资收益	国债利息收入	500 000
	股息（居民企业）	550 000

表7-16　境外所得税抵免明细表（直接抵免）　金额单位：元

国家	境外所得	境外所得税率	境外所得换算含税所得	境外已缴纳所得税（可抵免额）	可抵免限额
美国	780 000	35%	1 200 000	420 000	300 000
南非	245 000	30%	350 000	105 000	87 500

表7-17　以公允价值计量资产调整表　单位：元

项目	会计		税法	
	期初	期末	期初	期末
投资性房地产	0	1 000 000	0	800 000

表7-18　资产折旧/摊销调整表　金额单位：元

资产项目	会计				税法				调整额
	初始成本	净残值	折旧年限	折旧额	初始成本	净残值	折旧年限	折旧额	
办公设备	1 000 000	50 000	6年	158 300	1 000 000	50 000	5年	190 000	-31 700
生产设备	1 550 000	0	10年	155 000	1 050 000	0	10年	105 000	50 000
无形资产	4 130 000	0	15年	275 300	6 195 000（4 130 000×150%）	0	15年	413 000	-137 700

表7-19　资产准备明细表　单位：元

准备科目	期初余额	本期转回	本期计提	期末余额
坏账准备	200 000	100 000	300 000	400 000
存货跌价准备	500 000	0	300 000	800 000

表7-20 广告费用调整表 单位：元

项目	会计	税法	调整	备注
广告费	7 078 600			以前年度未抵扣3万元，税法扣除限额=销售（营业）收入×15%

表7-21 费用调整明细表 单位：元

项目	会计	税法	调整	备注
职工薪酬	10 000 000	10 000 000	0	
福利费	2 100 000	1 400 000	700 000	工资14%允许扣除
职工教育经费	950 000	800 000	150 000	工资8%允许扣除，超支可结转以后扣除
工会经费	200 000	200 000	0	工资2%允许扣除
罚金、罚款	30 000	0	30 000	工商罚款滞纳金3万元
赞助支出	100 000	0	100 000	关联企业赞助支出10万元
与收入无关的支出	120 000	0	120 000	给购货方回扣12万元

表7-22 企业所得税弥补亏损明细表 单位：元

年度	盈利额或亏损额	备注
2019	86 000	
2020	25 000	
2021	120 000	
2022	360 000	
2023	103 200	

任务：

（1）对该企业的企业所得税进行纳税调整；

（2）计算该企业2024年度应补缴的企业所得税；

（3）填写该企业的企业所得税纳税申报表主表及附表。

【实训业务7-2】诚信教育科技有限公司是A市重点企业，属于增值税一般纳税人，税务机关核定的企业所得税征收方式为查账征收，按照实际利润预缴方式预缴企业所得税。企业财务执行2017年版的会计准则，非汇总企业，无分支机构。该公司总资产为10 000万元，总人数为1 000人，公司适用的所得税税率为25%。

诚信教育科技有限公司2025年5月8日进行2024年度企业所得税汇算清缴，已经预缴所得税额1 826 581.38元，相关资料见表7-23至表7-28。

表7-23　　利润表　　会企02表

编制单位：诚信教育科技有限公司　　2024年12月　　单位：元

项目	行次	本期金额	上期金额（略）
一、营业收入	1	122 088 000.00	
减：营业成本	2	61 644 240.00	
税金及附加	3	10 025 301.00	
销售费用	4	18 180 000.00	
管理费用	5	8 332 000.00	
研发费用	6		
财务费用	7	4 363 600.00	
加：其他收益	8		
投资收益（损失以“−”号填列）	9	−1 256 025.00	
其中：对联营企业和合营企业的投资收益	10		
公允价值变动收益（损失以“−”号填列）	11	125 369.21	
资产减值损失（损失以“−”号填列）	12	−569 820.00	
资产处置收益（损失以“−”号填列）	13		
二、营业利润（亏损以“−”号填列）	14	17 842 383.21	
加：营业外收入	15	50 000.00	
减：营业外支出	16	518 000.00	
三、利润总额（亏损总额以“−”号填列）	17	17 374 383.21	
减：所得税费用	18	1 826 581.38	
四、净利润（净亏损以“−”号填列）	19	15 547 801.83	
五、其他综合收益的税后净额	20		
六、综合收益总额	21		
七、每股收益	22		
（一）基本每股收益	23		
（二）稀释每股收益	24		

表7-24 收入明细表 单位：元

一级科目	明细科目	金额	备注
主营业务收入	销售货物	121 200 000	
其他业务收入	其他	888 000	出租闲置土地的租金收入
营业外收入	政府补助收入	50 000	不符合不征税收入条件

表7-25 成本明细表 单位：元

一级科目	明细科目	金额	备注
主营业务成本	销售货物	61 440 000	
其他业务成本	其他	204 240	闲置土地出租收入支付税金155 400元，对应的摊销费用为48 840元
营业外支出	捐赠支出	500 000	通过政府部门向地震灾区捐赠现金250 000元
	其他	18 000	违反借款合同规定支付银行罚款18 000元
期间费用	销售费用	18 180 000	其中广告费17 000 000元、办公费1 180 000元
	管理费用	8 332 000	其中业务招待费1 800 000元
	财务费用	4 363 600	均符合税法要求

表7-26 税收优惠 单位：元

一级科目	明细科目	金额
投资收益	国债利息收入	1 503 021.26
	股息（居民企业）	1 658 200.12

表7-27 费用调整明细表 单位：元

项目	会计	税法	备注
职工薪酬	9 888 000	9 888 000	
福利费	1 435 000	1 384 320	工资的14%允许扣除
职工教育经费	811 850	791 040	工资8%允许扣除，超支部分可在以后年度无限结转
工会经费	197 760	197 760	工资的2%允许扣除
罚金、罚款	30 000	0	工商滞纳金3万元
赞助支出	100 000	0	关联企业赞助支出10万元
与收入无关的支出	120 000	0	给购货方回扣12万元

表7-28　**企业所得税弥补亏损明细表**　单位：元

年度	盈利额或亏损额	备注
2019	86 000	
2020	25 000	
2021	1 695 600	
2022	−2 805 822	
2023	1 865 800	

任务：

（1）对该企业的企业所得税进行纳税调整；

（2）计算该企业2024年度应补缴的企业所得税；

（3）填写该企业“企业所得税纳税申报表”。

项目八

解读个人所得税法律制度

学习指导

根据《中华人民共和国个人所得税法》《中华人民共和国税收征收管理法》和国家有关规定，国家税务总局研究起草了《个人所得税综合所得汇算清缴管理办法（征求意见稿）》，于2025年1月3日至2月2日正式向社会公开征求意见。在认真研究并吸纳有关意见建议后，2025年2月21日国家税务总局第一次局务会议审议通过《个人所得税综合所得汇算清缴管理办法》（2025年2月26日国家税务总局令第57号公布，自2025年2月26日起施行），总体延续了历年办理个人所得税综合所得汇算清缴事项公告的主要内容，共六章三十七条。

本项目基本结构框架

本项目基本结构框架，如图8-1所示。

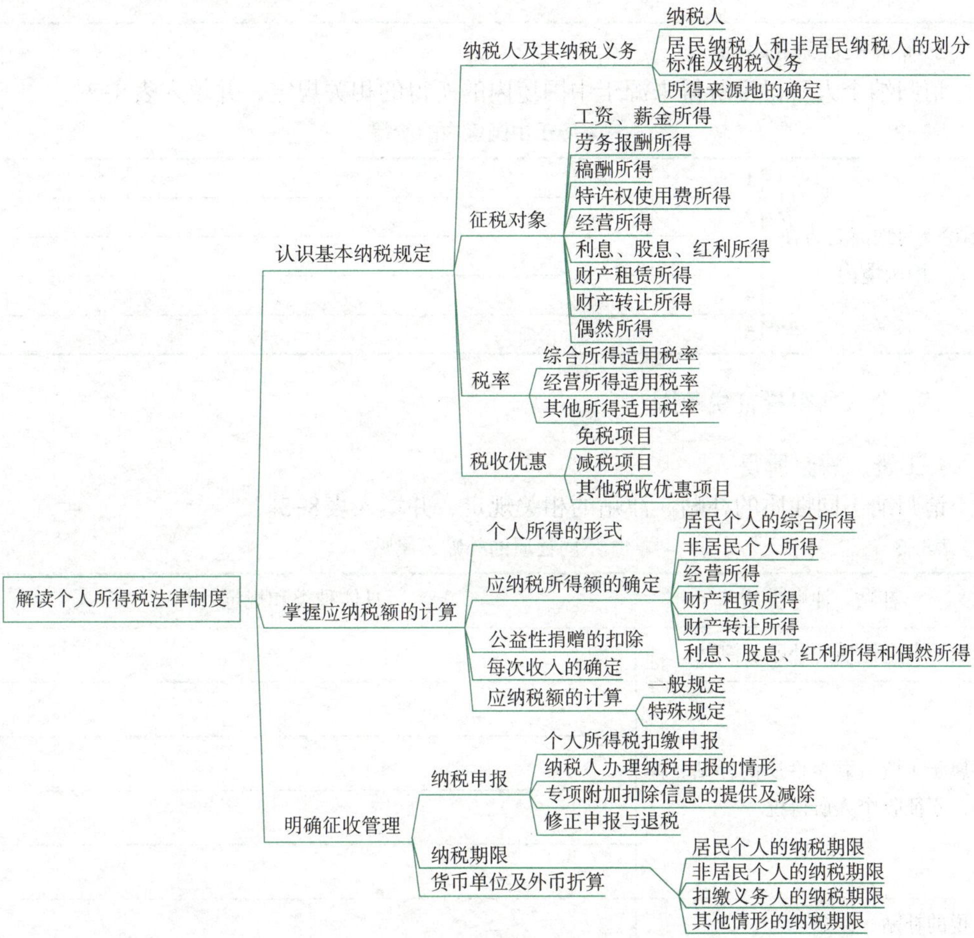

图8-1　本项目基本结构框架图

本项目重难点与业务处理总结

一、个人所得税纳税人

1. 纳税人的划分标准和纳税义务

请归纳居民纳税人和非居民纳税人的划分标准及纳税义务，并填入表8-1。

表8-1 居民纳税人和非居民纳税人的划分标准及纳税义务

种类	划分标准	纳税义务
居民纳税人		
非居民纳税人		

2. 所得来源地的确定

请归纳个人所得税所得来源于中国境内的所得的相关规定，并填入表8-2。

表8-2 来源于中国境内的所得

不论支付地点是否在中国境内	1.
	2.
	3.
	4.
	5.

二、个人所得税征税范围

1. 工资、薪金所得

请归纳不同性质的补贴、津贴的相关规定，并填入表8-3。

表8-3 不同性质的补贴、津贴

补贴、津贴性质	具体种类和规定
工资、薪金性质的补贴、津贴	
不属于工资、薪金性质的补贴、津贴，不征收个人所得税	
免税的补贴、津贴	

2.劳务报酬所得

请归纳工资、薪金所得与稿酬所得的相关规定，并填入表8-4。

表8-4　工资、薪金所得与稿酬所得

个人收入项目	情形	个人所得税处理
在本单位的报纸、杂志上发表作品取得的收入	记者、编辑等专业人员	
	除上述专业人员以外的其他人员	
出版社的专业作者撰写、编写或翻译的作品，由本社以图书形式出版而取得的稿费收入		

3.特许权使用费所得

请归纳特许权使用费所得的相关规定，并填入表8-5。

表8-5　特许权使用费所得

收入项目	个人所得税处理
1.作者将自己的文字作品手稿原件或复印件公开拍卖（竞价）取得的所得	
2.个人取得特许权的经济赔偿收入	
3.编剧从电视剧的制作单位取得的剧本使用费	

4.财产转让所得

请归纳财产转让所得的相关规定，并填入表8-6。

表8-6　财产转让所得

下列均按照“财产转让所得”项目征税：
1.
2.
3.
4. （1） （2）
5.
6.
7.

5. 偶然所得

请归纳偶然所得的相关规定，并填入表8-7。

表8-7 偶然所得

征税范围	纳税规定
1. 企业对累计消费达到一定额度的顾客，给予额外抽奖机会，个人的获奖所得	
2. 单张有奖发票奖金	
3. 个人为单位或他人提供担保获得收入	
4. 房屋产权所有人将房屋产权无偿赠与他人的，受赠人因无偿受赠房屋取得的受赠收入	
5. 企业在业务宣传、广告等活动中，随机向本单位以外的个人赠送礼品（包括网络红包，下同），以及企业在年会、座谈会、庆典以及其他活动中向本单位以外的个人赠送礼品，个人取得的礼品收入	
6. 对个人购买福利彩票、赈灾彩票、体育彩票	

三、个人所得税税率

请归纳个人所得税税率形式及适用范围的相关规定，并填入表8-8。

表8-8 个人所得税税率形式及适用范围

税率形式		适用范围
超额累进税率	7级	
	5级	
比例税率20%		

四、应纳税所得额的确定和应纳税额的计算

1. 综合所得的各项扣除

请归纳专项扣除、专项附加扣除和其他扣除的相关规定，并填入表8-9至表8-11。

表8-9 专项扣除

专项扣除	1.
	2.
	3.
	4.

表8-10　专项附加扣除

项目	具体扣除内容
1.子女教育	
2.继续教育	
3.大病医疗	
4.住房贷款利息	
5.住房租金	
6.赡养老人	
7.3岁以下婴幼儿照护	

表8-11　其他扣除

其他扣除	1.
	2
	3.
	4.

2. 个人所得税的计算

请归纳综合所得预扣预缴税款的计算、不同征税项目应纳税所得额和应纳税额的计算，并填入表8-12和表8-13。

表8-12 综合所得预扣预缴税款的计算

项目	计税规定	计算
支付工资、薪金所得		
劳务报酬所得		
稿酬所得		
特许权使用费所得		

表8-13 不同征税项目应纳税所得额和应纳税额的计算

征税项目	应纳税所得额的公式	应纳税额的计算
综合所得（按年计算）		
经营所得（按年计算）		
财产租赁所得（按月计算）		
财产转让所得（按次计算）		
利息、股息、红利所得（按次计算）		
偶然所得（按次计算）		

同步训练

基础知识训练

一、单项选择题

1.（2024年）根据个人所得税法律制度的规定，下列各项中，属于“稿酬所得”的是（　　）。

A.书法家甲给某公司题字取得的收入

B.摄影师乙将所拍照片发表在杂志上取得的收入

C.作家丙兼职审稿取得的收入

D.剧本作者丁从电视剧制作单位取得的剧本使用费

2.（2024年）2024年3月中国居民谢某取得劳务报酬5 000元，同时支付相关税费300元。已知劳务报酬所得每次收入4 000元以上的，减除费用按20%计算；预扣预缴应纳税所得额不超过20 000元的部分，预扣率为20%，速算扣除数为0。计算谢某取得劳务报酬应预扣预缴个人所得税税额的下列算式中，正确的是（　　）。

A.5 000×20%＝1 000（元）

B.5 000×（1－20%）×20%＝800（元）

C.（5 000－300）×20%＝940（元）

D.（5 000－300）×（1－20%）×20%＝752（元）

3.（2024年）中国居民林某2023年5月在杂志上发表画作一幅，取得稿酬2 700元，已知稿酬所得预扣率为20%，每次收入不超过4 000元的，减除费用按800元计算，计算林某当月该笔稿酬所得应预扣预缴个人所得税税额的下列算式中，正确的是（　　）。

A.2 700×（1－70%）×20%＝162（元）

B.（2 700－800）×20%＝380（元）

C.（2 700－800）×70%×20%＝266（元）

D.2 700×70%×20%＝378（元）

4.（2024年）出租汽车经营单位对出租车驾驶员采取单车承包或承租方式运营，出租车驾驶员从事客货营运取得的收入，适用的个人所得税项目是（　　）。

A.工资、薪金所得　　B.经营所得

C.劳务报酬所得　　D.财产租赁所得

5.（2024年）根据个人所得税法律制度的规定，个体工商户的下列支出中，在计算经营所得应纳税所得额时准予扣除的是（　　）。

A. 代其从业人员负担的税款

B. 业主的工资薪金支出

C. 实际支付给从业人员的合理的工资薪金支出

D. 直接赞助给贫困大学生的学费支出

6.（2024年）根据个人所得税法律制度的规定，个人取得的下列所得中，以1个月内取得的收入为一次的是（　　）。

A. 财产租赁所得　B. 财产转让所得　C. 偶然所得　D. 股息所得

7.（2024年）中国居民王某2024年3月购买体育彩票，取得一次性中奖收入50 000元。已知偶然所得个人所得税税率为20%，计算王某当月中奖所得应缴纳个人所得税税额的下列算式中，正确的是（　　）。

A. 50 000 × 20% = 10 000（元）

B. 50 000 ×（1 − 20%）× 20% = 8 000（元）

C. 50 000 ×（1 + 20%）× 20% = 12 000（元）

D. 50 000 ÷（1 − 20%）× 20% = 12 500（元）

8.（2023年）根据个人所得税法律制度的规定，在中国境内无住所的下列外籍个人中，属于2022年度非居民个人的是（　　）。

A. 迪克2022年6月7日入境，2022年12月20日离境，其间回国5天

B. 温蒂2021年10月11日入境，2022年7月20日离境

C. 蒂姆2022年7月1日入境，2022年12月1日离境

D. 朱莉2022年3月1日入境，2023年5月10日离境

9.（2023年）根据个人所得税法律制度的规定，下列选项中，免征个人所得税的是（　　）。

A. 离退休人员从原任职单位取得的各类补贴

B. 企业职工从破产企业取得的一次性安置费收入

C. 个人在办理内部退养手续后至法定离退休年龄之间从原任职单位取得的工资、薪金

D. 个人在办理内部退养手续后从原任职单位取得的一次性收入

10.（2023年）根据个人所得税法律制度的规定，下列收入中，应按“劳务报酬所得”税目缴纳个人所得税的是（　　）。

A. 退休人员再任职取得的收入

B. 从非任职公司取得的董事费收入

C. 从任职公司取得的监事费收入

D. 从任职公司关联企业取得的监事费收入

11.（2023年）根据个人所得税法律制度的规定，下列个人购买的保险中，在计算应纳税所得额时不得扣除的是（　　）。

A. 补充医疗保险

B. 符合国家规定的商业健康保险

C. 符合国家规定的税收递延型商业养老

D.基本医疗保险

12.（2023年）居民个人陈某2022年1—10月累计工资收入150 000元，累计专项扣除27 000元，累计专项附加扣除10 000元。陈某1—9月工资、薪金所得累计已预扣预缴个人所得税税额3 150元。已知，累计预扣预缴应纳税所得额超过36 000元至144 000元的部分，预扣率为10%，速算扣除数为2 520。计算陈某当年10月工资、薪金所得应预扣预缴个人所得税税额的下列算式中，正确的是（ ）。

A.（150 000 - 5 000 × 10 - 27 000 - 10 000）× 10% - 2 520 = 3 780（元）

B.（150 000 - 5 000 × 10 - 27 000 - 10 000）× 10% - 2 520 - 3 150 = 630（元）

C.（150 000 - 10 000）× 10% - 2 520 - 3 150 = 8 330（元）

D. 0

13.（2023年）根据个人所得税法律制度的规定，个体工商户的下列支出中，在计算其“经营所得”个人所得税应纳税所得额时，准予扣除的是（ ）。

A.实际支付给从业人员的合理的工资

B.税收滞纳金

C.用于家庭的支出

D.直接赞助给贫困学生的学费支出

14.（2023年）郑某2022年3月在某公司举行的有奖销售活动中获得奖金12 000元，领奖时发生交通费600元、食宿费400元（均由郑某承担）。在颁奖现场郑某通过公益性社会团体对外捐赠3 000元。已知偶然所得适用的个人所得税税率为20%。郑某中奖收入应缴纳的个人所得税税额为（ ）元。

A.0　　B.1 600　　C.1 800　　D.2 200

15.（2023年）2022年6月居民个人王某取得从公开发行和转让市场购入的上市公司股票股息红利9 000元，之后王某将该股票转让，王某持有该股票的期限为7个月。已知利息、股息红利所得个人所得税税率为20%，王某取得该股息红利应缴纳个人所得税税额为（ ）元。

A.1 800　　B.900　　C.2 250　　D.1 080

16.（2022年）根据个人所得税法律制度的规定，下列各项中，属于专项扣除的是（ ）。

A.按照规定缴纳的住房公积金　　B.子女教育支出

C.住房贷款利息支出　　D.大病医疗支出

17.（2022年）中国居民马某2022年度从任职单位甲公司取得工资198 700元；出版专业书籍一本，取得报酬7 000元；全年按照国家规定的标准和范围缴纳社会保险费、住房公积金合计为47 688元。已知个人所得税综合所得减除费用为每年60 000元；稿酬所得以收入减除20%的费用后的余额为收入额，稿酬所得的收入额减按70%计算；全年应纳税所得额超过36 000元至144 000元的部分，税率为10%，速算扣除数为2520。马某2022年度已预扣预缴个人所得税税额7 365.2元。计算马某2022年度综合所得汇算清缴应退（补）个人所得税税额的下列算式中，正确的是（ ）。

A. ［198 700 + 7 000 ×（1 - 20%）× 70% - 60 000 - 47 688］× 10% - 2 520 - 7 365.2 =

-392（元）

B. ［198 700+7 000×（1-20%）×70%-60 000-47 688］×10%-2 520=6 973.2（元）

C.（198 700+7 000×70%-60 000-47 688）×10%-7 365.2=2 226（元）

D. ［198 700+7 000×（1-20%）-60 000-47 688］×10%-2 520=7 141.2（元）

18.（2022年）甲公司出资购买房屋，将所有权登记在股东李某名下。下列关于上述业务个人所得税税务处理的表述中，正确的是（　　）。

A. 李某不需要缴纳个人所得税

B. 李某应按照“综合所得”项目缴纳个人所得税

C. 李某应按照“利息、股息、红利所得”项目缴纳个人所得税

D. 李某应按照“经营所得”项目缴纳个人所得税

19.（2022年）黄某设立的个体工商户2022年度取得销售收入400万元，在生产经营活动中发生业务招待费25万元，已知个体工商户发生的与生产经营活动有关的业务招待费，按照实际发生金额的60%扣除，但最高不得超过当年销售（营业）收入的5‰，计算黄某2022年度经营所得个人所得税应纳税所得额时，准予扣除的业务招待费为（　　）万元。

A.13　　B.15　　C.25　　D.2

20.（2022年）2022年11月赵某出租房屋取得当月租金20 000元，房屋租赁过程中发生相关税费400元，当月支付水电费100元、房屋修缮费1 000元，已知个人出租住房所得暂减按10%的税率征收个人所得税，财产租赁所得，每次收入4 000元以上的，减除20%的费用，准予减除的修缮费用以800元为限。计算赵某11月应缴个人所得税的下列算式中，正确的是（　　）。

A.（20 000-400-1 000）×（1-20%）×10%=1 488（元）

B.（20 000-400-100-1 000）×（1-20%）×10%=1 480（元）

C.（20 000-400-100-800）×（1-20%）×10%=1 496（元）

D.（20 000-400-800）×（1-20%）×10%=1 504（元）

二、多项选择题

1.（2024年）根据个人所得税法律制度的规定，在中国境内无住所的下列外籍个人中，属于我国2023年度居民个人的有（　　）。

A. 珍妮2023年1月15日入境，2024年7月15日离境

B. 大卫2023年3月11日入境，2023年11月11日离境

C. 乔治2023年10月8日入境，2024年2月8日离境

D. 安利2023年4月5日入境，2023年12月5日离境

2.（2024年）根据个人所得税法律制度的规定，下列所得中，属于来源于中国境外所得的有（　　）。

A. 从境外公司获得的股息所得

B. 将专利许可给境外企业在境内使用获得的所得

C. 将境外的住房租给外国人获得的所得

D. 在境外出版作品获得的由境外公司支付的稿酬所得

3.（2024年）根据个人所得税法律制度的规定，下列各项中，属于“劳务报酬所得”的有（　　）。

A. 证券经纪人取得的佣金收入

B. 教师以个人名义到外校进行学术讲座取得的收入

C. 作家在某杂志上发表作品取得的收入

D. 研究人员从任职单位取得的科研奖励收入

4.（2024年）个人取得的下列所得中，免征个人所得税的有（　　）。

A. 军人转业费　　B. 省级人民政府颁发的科技进步奖

C. 保险赔款　　D. 公司发放给员工的科研奖金

5.（2023年）下列各项中，按照工资薪金所得征收个人所得税的有（　　）。

A. 大学老师在高校任职取得的课时费

B. 大学生勤工俭学兼职取得的收入

C. 演员从任职单位取得的演出费

D. 剧本作者从电影、电视剧的制作单位取得的剧本使用费

6.（2023年）下列未享受住房贷款利息专项附加扣除的个人，可以享受住房租金专项附加扣除的有（　　）。

A. 在外地有房，在本地租房的未婚女子

B. 在本地租房，但其配偶在本地有房

C. 在本地有房，在工作地点附近租房

D. 在本地无房，在工作地点附近租房

7.（2022年）根据个人所得税法律制度的规定，下列各项中，属于个人所得税纳税人的有（　　）。

A. 合伙企业自然人合伙人　　B. 一人有限责任公司

C. 个体工商户　　D. 个人独资企业投资人

8.（2022年）根据个人所得税法律制度的规定，个人因任职取得的下列收入中，应缴纳个人所得税的有（　　）。

A. 年终加薪　　B. 季度奖金　　C. 劳动分红　　D. 托儿补助费

9.（2022年）下列所得中，应按劳务报酬所得项目计征个人所得税的有（　　）。

A. 剧本作者从其非任职单位取得剧本使用费

B. 高校教师应出版社邀请审稿取得的报酬

C. 画家的书画作品在报纸上发表取得的报酬

D. 医院医护人员应学校邀请提供急救知识讲座取得的报酬

10.（2022年）经济学家李某取得的下列所得中，按照“稿酬所得”项目预扣预缴个人所得税的有（　　）。

A. 将自己的论文手稿原件拍卖取得的所得

B. 应邀担任学术会议主讲嘉宾取得的报酬

C. 将自己的研究成果整理成文章发表取得的报酬

D. 将自己的摄影作品发表在书刊杂志取得的报酬

11.（2022年）2022年李某设立的个体工商户在生产经营活动中发生下列支出：向金融企业借款利息支出12 000元，非广告性的赞助支出80 000元，李某本人的工资薪金支出270 000元，为员工购买劳保用品支出40 000元。在计算李某2022年度经营所得个人所得税应纳税所得额时，准予扣除的项目有（　　）。

A. 李某本人的工资薪金支出270 000元

B. 非广告性的赞助支出80 000元

C. 向金融企业借款利息支出12 000元

D. 购买劳保用品支出40 000元

12.（2022年）根据个人所得税法律制度的规定，个人发生的下列公益性捐赠支出中，准予税前全额扣除的有（　　）。

A. 通过非营利社会团体向非营利性老年服务机构的捐赠

B. 通过国家机关向贫困地区的捐赠

C. 通过非营利社会团体向农村义务教育的捐赠

D. 通过国家机关向红十字事业的捐赠

13.（2021年）根据个人所得税法律制度的规定，下列所得中，属于来源于中国境内所得的有（　　）。

A. 转让中国境内的不动产取得的所得

B. 将财产出租给承租人在中国境内使用而取得的所得

C. 许可特许权在中国境内使用而取得的所得

D. 因受雇在中国境内提供劳务取得的所得

14.（2021年）根据个人所得税法律制度的规定，下列各项中，属于“工资、薪金所得”的有（　　）。

A. 个人因公出差取得的符合标准的差旅费津贴

B. 个人因公务用车改革而取得的公务用车补贴收入

C. 保险营销员取得的佣金收入

D. 退休人员再任职取得的收入

15.（2021年）根据个人所得税法律制度的规定，下列各项中，属于专项附加扣除的有（　　）。

A. 子女教育支出　　B. 购车贷款利息

C. 大病医疗支出　　D. 上下班交通费

三、判断题

1.（2024年）对个人转让限售股取得的所得，免征个人所得税。（　　）

2.（2024年）企业对累计消费达到一定额度的客户给予额外抽奖机会，个人获奖所得按偶然所得缴纳个人所得税。（　　）

3.（2023年）个人因公务用车制度改革而取得的公务用车补贴收入，应按照工资、薪金所得计征个人所得税。（　　）

4.（2023年）从事个体出租车运营的出租车驾驶员取得的收入，应按“经营所得”项目缴纳个人所得税。（　　）

5.（2023年）产权所有人将房产赠送给配偶，双方均不需要缴纳个人所得税。（　　）

6.（2023年）赵某购买福利彩票，取得中奖收入8 000元，应全额征收个人所得税。（　　）

7.（2022年）单位按低于购置成本价格出售住房给职工，职工因此而少支付的差价部分，无须缴纳个人所得税。（　　）

8.（2021年）个人通过非营利性社会团体对公益性青少年活动场所的捐赠，在计算缴纳个人所得税时，准予在税前的所得额中全额扣除。（　　）

9.（2021年）个人达到国家规定的退休年龄领取的企业年金，免征个人所得税。（　　）

10.（2020年）个人转租房屋的，其向房屋出租方支付的租金及增值税额，在计算个人所得税财产租赁所得时，准予扣除。（　　）

案例分析训练

【业务案例8-1】中国居民李某为境内W市某高校教师，在W市无自有住房，2024年全年在W市租房居住。2024年李某有关收支情况如下：

（1）全年工资108 000元，全年专项扣除21 000元，住房租金专项附加扣除由李某扣除。

（2）5月出版一部教材，取得稿酬10 000元。

（3）6月取得国债利息2 700元、定期储蓄存款利息1 650元。

（4）8月在上海证券交易所转让从上市公司公开发行和转让市场取得的Y上市公司股票，取得转让所得8 000元。

（5）9月因在Z商城购买洗衣机，获得Z商城赠送的价值80元的洗衣液一桶。

（6）12月取得全年一次性奖金30 000元，选择不并入当年综合所得，单独计算纳税。

已知：稿酬所得以收入减除20%的费用后的余额为收入额，收入额减按70%计算；稿酬所得个人所得税预扣率为20%，每次收入4 000元以上的，减除费用按20%计算。综合所得减除费用60 000元/年；住房租金专项附加扣除标准为1 500元/月。财产租赁所得个人所得税税率为20%，财产租赁所得每次（月）收入在4 000元以上的，减除20%的费用。

根据上述材料，不考虑其他因素，分析回答下列小题。

1.计算李某5月出版教材稿酬所得应预扣预缴个人所得税税额的下列算式中，正确的是（　　）。

A. 10 000 × 70% × 20% = 1 400（元）

B. 10 000 × 20% = 2 000（元）

C. 10 000 ×（1 − 20%）× 20% = 1 600（元）

D. 10 000 ×（1 − 20%）× 70% × 20% = 1 120（元）

2. 计算李某2024年度综合所得应缴纳个人所得税税额的下列算式中，正确的是（　　）。

A.（108 000 + 10 000 − 60 000 − 1 500 × 12）× 10% − 2 520 = 1 480（元）

B. ［108 000 + 10 000 ×（1 − 20%）× 70% − 60 000 − 21 000 − 1 500 × 12］× 3% = 438（元）

C.（108 000 − 60 000 − 1 500 × 12）× 3% = 900（元）

D.（108 000 + 10 000 × 70% − 60 000 − 21 000）× 3% = 1 020（元）

3. 李某的下列所得中，免予征收或不征收个人所得税的是（　　）。

A. 定期储蓄存款利息1 650元

B. 转让Y上市公司股票所得8 000元

C. 获得Z商城赠送的价值80元的洗衣液

D. 国债利息2 700元

4. 计算李某全年一次性奖金应缴纳个人所得税税额的下列算式中，正确的是（　　）。

A. 30 000 × 3% = 900（元）

B. 30 000 × 25% − 2 660 = 4 840（元）

C.（30 000 − 2 660）× 25% = 6 835（元）

D. 30 000 × 25% = 7 500（元）

【业务案例8-2】中国居民林某为境内甲公司高级技术人员。林某有一儿一女，儿子正在读初中二年级，女儿刚满2岁。林某为独生子，父亲63岁，母亲58岁。2024年林某有关收支情况如下：

（1）每月工资26 000元，每月专项扣除4 950元；子女教育专项附加扣除由林某按扣除标准的100%扣除；1—11月工资，薪金所得累计已预扣预缴个人所得税税款7 435元。

（2）取得某上市公司股息30 000元，持股期限6个月。

（3）为乙公司提供一次技术咨询服务，取得劳务报酬3 800元。

（4）许可境外丙公司在境外使用一项专利权，取得特许权使用费折合人民币800 000元。

（5）将境外的一处房产转让给华侨张某，取得财产转让所得折合人民币3 000 000元。

（6）出租一辆自己使用过的小汽车给外教约翰在境内使用，取得财产租赁所得18 000元。

（7）从境外丁公司取得股息折合人民币10 000元。

已知：工资、薪金所得预扣预缴个人所得税减除费用为5 000元/月；子女教育专项附加扣除按照每个子女每月2 000元的标准定额扣除；赡养老人专项附加扣除标准为3 000元/月，专项附加扣除林某选择在预扣预缴时扣除。劳务报酬所得预扣预缴个人所得税适用20%的预扣率；每次收入不超过4 000元的，减除费用按800元计算。

要求：根据上述资料，不考虑其他因素，分析回答下列小题。

1.计算林某2024年12月份工资应预扣预缴个人所得税税额的下列算式中，正确的是（　　）。

A.（26 000 − 5 000 − 4 950 − 2 000 × 1 − 3 000 ÷ 2）× 3% × 12 = 4 518（元）

B.（26 000 − 5 000 − 4 950 − 2 000 × 2 − 3 000）× 3% = 271.5（元）

C.（26000×12−5000×12−4950×12−2000×2×12−3000×12）×10%−2520−7 435 = 905（元）

D.（26000×12−4950×12−2000×2×12−3000÷2×12）×20%−16920− 7 435 = 14 965（元）

2.计算林某取得上市公司股息应缴纳个人所得税税额的下列算式中，正确的是（　　）。

A.30 000 ×（1 − 20%）× 20% = 4 800（元）

B.30 000 × 20% = 6 000（元）

C.30 000 × 20% × 50% = 3 000（元）

D.30 000 ×（1 − 20%）× 20% × 50% = 2 400（元）

3.计算林某提供技术咨询服务取得劳务报酬所得应预扣预缴个人所得税税额的下列算式中，正确的是（　　）。

A.3 800 ÷（1 − 20%）× 20% = 950（元）

B.3 800 ×（1 − 20%）× 20% = 608（元）

C.（3 800 − 800）×（1 − 20%）× 20% = 480（元）

D.（3 800 − 800）× 20% = 600（元）

4.林某2024年取得的下列所得中，不属于来源于中国境内所得的是（　　）。

A. 许可境外丙公司在境外使用专利权取得的所得800 000元

B. 转让境外房产取得的所得3 000 000元

C. 出租小汽车取得的所得18 000元

D. 从境外丁公司取得的股息所得10 000元

纳税申报实训

【实训业务8–1】个人所得税纳税申报参考。

1. 下载个人所得税App。

2. 自然人电子税务局。网址：https：//etax.chinatax.gov.cn/zty/zxfjkc.html.

3. 个人所得税综合所得汇算清缴管理办法（2025年2月26日国家税务总局令第57号公布，自2025年2月26日起施行）。

4.《关于进一步完善个人转让上市公司限售股所得个人所得税有关征管服务事项的公告》（国家税务总局 财政部 中国证监会公告2024年第14号）。

5.《关于在全国范围实施个人养老金个人所得税优惠政策的公告》（财政部 税务总局公告2024年第21号）。

6.《关于彩票兑奖与适用税法有关口径的公告》（财政部 税务总局 民政部 体育总局公告2024年第12号）。

7.《关于延续实施全国中小企业股份转让系统挂牌公司股息红利差别化个人所得税政策的公告》（财政部 税务总局公告2024年第8号）。

8.《关于上市公司股权激励有关个人所得税政策的公告》（财政部 税务总局公告2024年第2号）。

项目九

解读其他流转税法律制度

学习指导

2024年4月26日，第十四届全国人民代表大会常务委员会第九次会议表决通过《中华人民共和国关税法》，自2024年12月1日起施行。关税法是为了规范关税的征收和缴纳，维护进出口秩序，促进对外贸易，推进高水平对外开放，推动高质量发展，维护国家主权和利益，保护纳税人合法权益，根据宪法而制定的。

本项目基本结构框架

本项目基本结构框架，如图9-1所示。

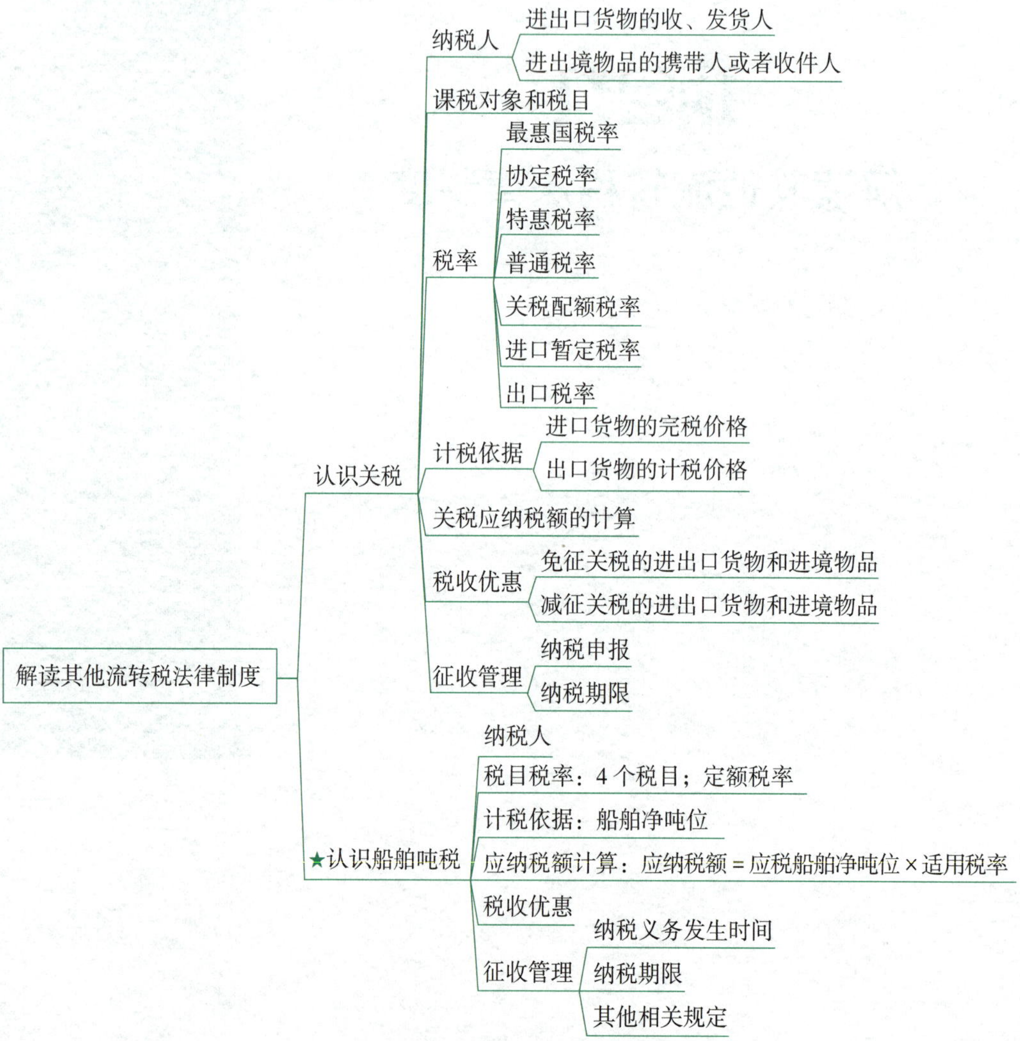

图9-1 本项目基本结构框架图

本项目重难点与业务处理总结

一、关税纳税人

请归纳关税纳税人的相关规定，并填入表9-1。

表9-1　关税纳税人

具体情况	纳税人
进口货物	
出口货物	
进出境物品	

二、关税税率

请归纳关税税率及适用范围，并填入表9-2。

表9-2　关税税率及适用范围

税率分类	判断标准	税率形式	适用范围
进口税率	原产地标准	最惠国税率	
		协定税率	
		特惠税率	
		普通税率	
		关税配额税率	
		进口暂定税率	
出口税率			

三、进口货物完税价格的确定

请归纳一般贸易项下进口货物完税价格的构成，并填入表9-3。

表9-3 完税价格的构成

<table>
<tr><th colspan="2">完税价格的构成因素</th><th>计入完税价格的费用</th></tr>
<tr><td>基本构成因素</td><td></td><td rowspan="4">1.
2.
3.
4.
5.
6.</td></tr>
<tr><td rowspan="3">不计入完税价格的费用</td><td>1.</td></tr>
<tr><td>2.</td></tr>
<tr><td>3.</td></tr>
</table>

四、关税应纳税额的计算

请归纳关税应纳税额的计算公式，并填入表9-4。

表9-4 关税应纳税额的计算公式

计算方法	计算公式	适用范围
从价税		
从量税		
复合税		

同步训练

基础知识训练

一、单项选择题

1.（2023年）根据关税法律制度的规定，下列不属于关税纳税人的是（　　）。

A.外贸出口公司　　B.工贸或农贸结合的进口公司

C.经营出口货物的收货人　　D.个人邮递物品的收件人

2.（2023年）甲公司将一批货物运往境外加工，出境前向海关报关出口并在海关规定期限内复运进境，货物价值为500万元，出境前运费和保险费25万元。境外加工费和料件费为100万元，复运进境的运费和保险费35万元。不考虑其他因素，甲公司上述业务进口关税完税价格为（　　）万元。

A.635　　B.660　　C.135　　D.160

3.（2023年）进口原产于我国境内的货物，适用的关税税率是（　　）。

A.最惠国税率　　B.协定税率　　C.特惠税率　　D.普通税率

4.（2023年）根据关税法律制度的规定，下列各项中，按复合税率征收关税的是（　　）。

A.啤酒　　B.汽车　　C.原油　　D.摄像机

5.（2022年）2022年8月甲公司进口一批机械设备，实际支付成交价格300万元。在货物成交过程中，甲公司在成交价格之外另支付给卖方佣金20万元；向境外采购代理人支付买方佣金10万元，已包含在成交价格中；卖方违反合同规定延期交货，在成交价格中已经冲减延期交货罚款15万元。在确定关税计税依据时海关审定的甲公司该业务成交价格的下列算式中，正确的是（　　）。

A.300 + 20 − 10 + 15 = 325（万元）　　B.300 + 20 + 15 = 335（万元）

C.300 + 20 − 10 − 15 = 295（万元）　　D.300 − 10 + 15 = 305（万元）

6.（2021年）2021年5月甲公司进口一批玩具。该批玩具的货价为180万元，运抵我国关境内输入地点起卸前的运费、保险费合计20万元。另支付给境外采购代理人买方佣金10万元。甲公司进口该批玩具关税完税价格为（　　）万元。

A.200　　B.210　　C.150　　D.190

7.（2021年）根据关税法律制度的规定，对原产于与我国签订含有特殊关税优惠条款的贸易协定的国家或地区的进口货物，适用特定的关税税率。该税率为（　　）。

A.普通税率　　B.协定税率　　C.特惠税率　　D.最惠国税率

8.（2020年）2020年9月甲公司进口生产设备一台，海关审定的货价45万元，运抵我国关境内输入地点起卸前的运费4万元、保险费2万元。已知关税税率为10%。计算甲公司当月该笔业务应当缴纳关税税额的下列算式中，正确的是（　　）。

A.（45 + 4 + 2）× 10% = 5.1（万元）　　B.45 ÷（1 − 10%）× 10% = 5（万元）

C.（45 − 2）× 10% = 4.3（万元）　　D.（45 − 4）× 10% = 4.1（万元）

9.（2020年）根据关税法律制度的规定，进出口货物完税后，如因收发货人违反规定而造成少征或漏征税款的，海关在一定期限内可以追缴。该期限为（　　）年。

A.3　　B.8　　C.4　　D.5

10.（2019年）2019年9月甲公司进口一批货物，海关审定的成交价格为1 100万元，货物运抵我国境内输入地点起卸前的运费96万元、保险费4万元。已知关税税率为10%。根据关税法律制度的规定，甲公司该笔业务应缴纳关税税额的下列计算中，正确的是（　　）。

A.（1 100 + 96 + 4）× 10% = 120（万元）

B. （1 100 + 4）× 10% = 110.4（万元）

C. 1 100 × 10% = 110（万元）

D. （1 100 + 96）× 10% = 119.6（万元）

二、多项选择题

1.（2023年）下列各项中，属于关税法定性减免税的有（　　）。

A. 无商业价值的广告品及货样

B. 进出境运输工具装载的途中必需的燃料

C. 国际组织无偿赠送的物资

D. 一票货物关税税额在人民币50元以下的

2.（2023年）下列各项中，属于关税纳税人的有（　　）。

A. 进口货物的收货人　　B. 进口货物的代理人

C. 出口货物的发货人　　D. 个人邮递物品的发件人

3.（2017年）根据关税法律制度的规定，下列进口货物中，实行从价加从量复合税率计征进口关税的有（　　）。

A. 摄像机　　B. 啤酒　　C. 放像机　　D. 广播用录像机

4.（2016年）根据关税法律制度的规定，下列进口货物中，实行从量计征进口关税的有（　　）。

A. 啤酒　　B. 汽车　　C. 高档手表　　D. 原油

5.（2015年）根据关税法律制度的规定，下列各项中，属于关税计税方法的有（　　）。

A. 从价税计算　　B. 从量税计算法　　C. 复合税计算法　　D. 滑准税计算法

6.（2015年）下列各项中，应计入进口货物关税完税价格的有（　　）。

A. 货物运抵我国关境内输入地点起卸前的运费、保险费

B. 货物运抵我国关境内输入地点起卸后的运费、保险费

C. 支付给卖方的佣金

D. 向境外采购代理人支付的买方佣金

7.（2013年）根据关税法律制度的规定，下列各项中，应计入关税完税价格的有（　　）。

A. 货物运抵我国关境内输入地点起卸前的包装费

B. 货物运抵我国关境内输入地点起卸前的运费

C. 货物运抵我国关境内输入地点起卸前的保险费

D. 为在国内使用而向境外支付的与该进口货物有关的专利权费用

8. 甲公司为一家化妆品生产企业，2024年8月从美国进口一批高档化妆品，已知高档化妆品的离岸价格为173万元，运抵我国关境内输入地点起卸前的运费、保险费合计为2万元，高档化妆品的关税税率为20%，消费税税率为15%，增值税税率为13%，则该企业进口环节应缴纳的关税、增值税、消费税的下列计算中正确的有（　　）。

A. 应缴纳关税 =（173 + 2）× 20% = 35（万元）

B. 应缴纳增值税 =（173 + 2 + 35）÷（1 − 15%）× 13% = 32.12（万元）

C. 应缴纳消费税 =（173 + 2 + 35）÷（1 − 15%）× 15% = 37.06（万元）

D. 应缴纳消费税 =（173 + 2 + 35）×（1 − 15%）× 15% = 26.78（万元）

三、判断题

1.（2022年）因故退还的中国出口货物，可免征进口关税。（　　）

2.（2022年）船舶吨税执照期满后24小时内不上下客货的船舶，免征船舶吨税。（　　）

3.（2021年）租赁方式进境的货物，以海关审查确定的货物租金作为关税完税价格。（　　）

4.（2019年）到岸价格是由货价和货物运抵我国关境内输入地点起卸后的包装费、运费、保险费和其他劳务费等费用构成的一种价格。（　　）

5.（2017年）无商业价值的广告品及货样，经海关审核无误后可以免征关税。（　　）

6.（2017年）对于从境外采购进口的原产于中国境内的货物，应按规定征收进口关税。（　　）

7.（2016年）在进口货物成交的过程中，卖方付给进口人的正常回扣，在计算进口货物完税价格时不得从成交价格中扣除。（　　）

8.（2015年）进口货物适用的关税税率是以进口货物的原产地为标准的。（　　）

9. 船舶吨税只针对自中国境外港口进入中国境内港口的外国船舶征收。（　　）

10. 出口货物关税完税价格的计算公式为：关税完税价格 = 离岸价格 ÷（1 + 出口税率）。（　　）

税额计算训练

【业务案例9-1】甲企业为增值税小规模纳税人，2024年11月发生如下经营业务：

（1）进口一台机器设备，支付货价30 000元，支付货物运抵我国关境内输入地点起卸前的运费和保险费共计10 000元，支付给卖方佣金2 000元。

（2）进口一批高档化妆品，海关审定的关税完税价格为40 000元，取得海关进口增值税专用缴款书和消费税完税凭证。

（3）销售自己使用过的一批包装物，取得含税销售收入61 800元。

（4）销售一台自己使用过的小汽车，取得含税销售收入50万元，该车购置于2015年8月。

已知：机器设备的关税税率为20%，高档化妆品的关税税率为50%，消费税税率为15%，小规模纳税人增值税征收率为3%，小规模纳税人销售自己使用过的固定资产减按2%的征收率征收。

要求：根据上述材料，不考虑其他因素，分析回答下列小题。

1. 甲企业进口机器设备应缴纳的关税的下列计算中，正确的是（　　）。

A.（30 000 + 2 000）× 20% = 6 400（元）

B. 30 000 × 20% = 6 000（元）

C.（30 000 + 10 000）× 20% = 8 000（元）

D.（30 000 + 10 000 + 2 000）× 20% = 8 400（元）

2. 甲企业进口高档化妆品，应缴纳的税金的下列计算中，正确的是（　　）。

A. 应缴纳进口关税 = 40 000 × 50% = 20 000（元）

B. 应缴纳进口增值税 =（40 000 + 20 000）÷（1 − 15%）× 13% = 9 176.47（元）

C. 应缴纳进口增值税 =（40 000 + 20 000）× 13% = 7 800（元）

D. 应缴纳进口消费税 =（40 000 + 20 000）÷（1 − 15%）× 15% = 10 588.24（元）

3. 甲企业销售自己使用过的包装物和汽车，应缴纳的增值税税额下列计算中，正确的是（　　）。

A. 销售自己使用过的包装物，应缴纳增值税 = 61 800 ÷（1 + 3%）× 2% = 1 200（元）

B. 销售自己使用过的包装物，应缴纳增值税 = 61 800 ÷（1 + 3%）× 3% = 1 800（元）

C. 销售小汽车，应缴纳增值税 = 500 000 ÷（1 + 3%）× 3% = 14 563.11（元）

D. 销售小汽车，应缴纳增值税 = 500 000 ÷（1 + 3%）× 2% = 9 708.74（元）

4. 下列各项中，属于城市维护建设税和教育费附加计税依据的是（　　）。

A. 进口机器设备实际缴纳的关税

B. 进口化妆品实际缴纳的消费税和增值税

C. 销售包装物实际缴纳的增值税

D. 销售小汽车实际缴纳的增值税

【业务案例9-2】2024年10月，甲企业进口一辆小汽车自用，支付买价17万元，货物运抵我国关境内输入地点起卸前的运费和保险费共计3万元，货物运抵我国关境内输入地点起卸后的运费和保险费共计2万元，另支付购货佣金1万元。

已知关税税率为20%，增值税税率为13%，消费税税率为25%，城市维护建设税税率为7%，教育费附加征收率为3%。假设无其他纳税事项。

要求：计算甲企业进口小汽车应纳关税、进口增值税和进口消费税税额。

项目十

解读财产税类法律制度

学习指导

党的二十届三中全会提出，允许有关城市取消普通住宅和非普通住宅标准，完善房地产税收制度。中央政治局会议强调，要促进房地产市场止跌回稳，抓紧完善土地、财税、金融等政策，推动构建房地产发展新模式。为贯彻落实党中央、国务院决策部署，促进房地产市场平稳健康发展，近日，财政部、税务总局、住房城乡建设部发布了《关于促进房地产市场平稳健康发展有关税收政策的公告》（财政部 税务总局 住房城乡建设部公告2024年第16号），自2024年12月1日起执行。

本项目基本结构框架

本项目基本结构框架，如图10-1所示。

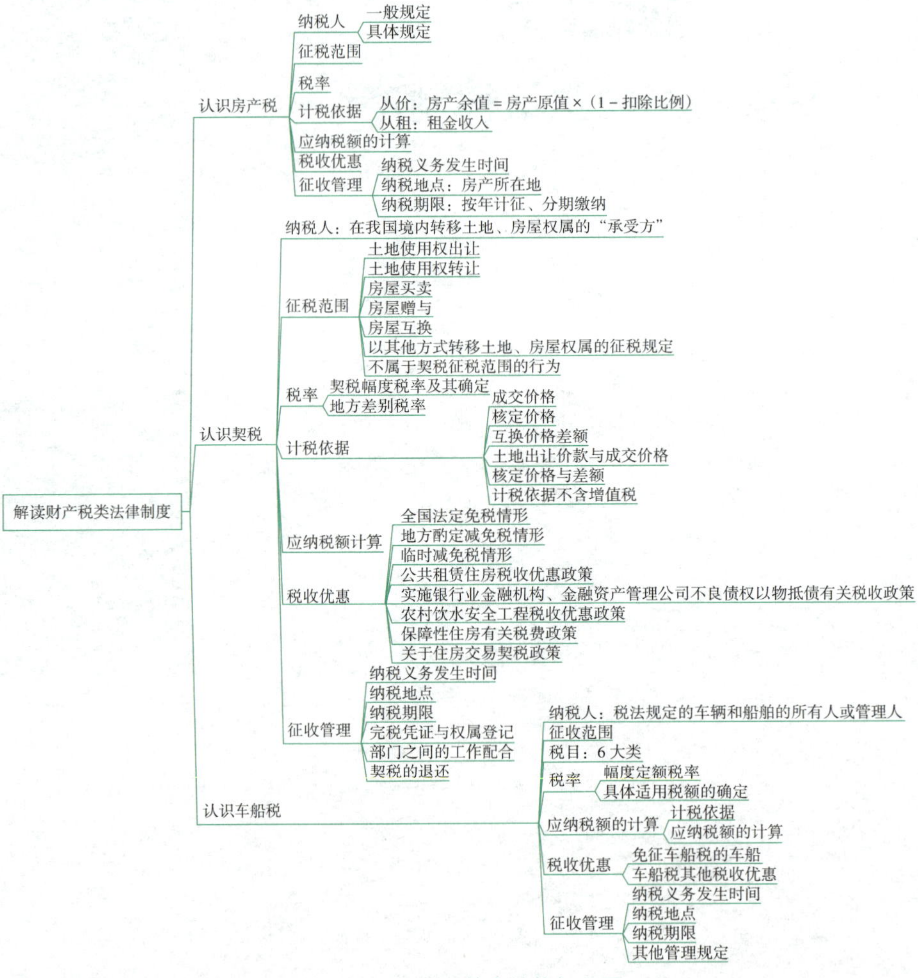

图10-1　本项目基本结构框架图

本项目重难点与业务处理总结

一、房产税重难点

1. 房产税纳税人

请归纳房产税纳税人的相关规定，并填入表10-1。

表10-1 房产税纳税人

<table>
<tr><th>情形</th><th>具体纳税人</th></tr>
<tr><td>房屋产权属于单位、集体、个人的</td><td></td></tr>
<tr><td>产权属于国家的</td><td></td></tr>
<tr><td>产权“出典”的</td><td></td></tr>
<tr><td>产权所有人、承典人均不在房产所在地的</td><td rowspan="2"></td></tr>
<tr><td>产权未确定及租典纠纷未解决的</td></tr>
<tr><td>纳税单位、个人无租使用免税单位或纳税单位房产的</td><td></td></tr>
</table>

2. 房产税计税方法和计税依据

请归纳房产税计税方法和计税依据的相关规定，并填入表10-2。

表10-2 房产税计税方法和计税依据

<table>
<tr><th>计税方法</th><th>计税依据</th><th>税率</th><th>计税公式</th></tr>
<tr><td>从价计征</td><td></td><td></td><td></td></tr>
<tr><td rowspan="2">从租计征</td><td></td><td></td><td rowspan="2"></td></tr>
<tr><td></td><td></td></tr>
</table>

二、契税重难点

1. 契税征税范围

请归纳契税征税范围的相关规定，并填入表10-3。

表10-3　　契税征税范围

是否征收契税	具体情形
属于契税的征税范围	1.
	2.
	3.
	4.
	5.
	6.
	7.
	8.
	9.
不属于契税的征税范围	

2. 契税应纳税额的计算

请归纳契税的计税依据，并填入表10-4。

表10-4　　契税的计税依据

计税依据（不含增值税）	适用范围
成交价格	
核定价格	
互换价格差额	
土地出让价或成交价格	

三、车船税重难点

请归纳车船税的计税依据和应纳税额的计算公式，并填入表10-5。

表10-5 车船税应纳税额的计算

税目		计税单位	计税依据	应纳税额
乘用车、摩托车、商用客车		每辆		
商用货车	半挂牵引车、三轮汽车和低速载货汽车	整备质量每吨		
	挂车	整备质量每吨		
其他车辆	专业作业车	整备质量每吨		
	轮式专用机械车	整备质量每吨		
船舶	机动船舶	净吨位每吨		
	拖船、非机动驳船	净吨位每吨		
	游艇	艇身长度每米		

同步训练

基础知识训练

一、单项选择题

1.（2024年）下列关于房产税纳税人的表述中，不正确的是（　　）。

A. 房产出租的，承租人为房产税的纳税人

B. 房产产权属于个人所有的，个人为房产税的纳税人

C. 房产产权属于集体所有的，集体单位为房产税的纳税人

D. 房产产权属于国家所有的，其经营管理单位为房产税的纳税人

2.（2024年）甲公司是增值税一般纳税人，其拥有一栋原值为1 200万元的办公楼，2023年10月将办公楼由出租改成自用，不含增值税的租金收入合计为50万

元。已知，从租计征的房产税税率为12%；从价计征的房产税税率为1.2%，当地规定的扣除比例为30%。计算甲公司2023年度应缴纳房产税税额的下列算式中，正确的是（　　）

A.1 200×（1－30%）×1.2%÷12×3＋50×12%＝8.52（万元）

B.1 200×（1－30%）×1.2%＝10.08（万元）

C.50×12%＝6（万元）

D.1 200×（1－30%）×1.2%÷12×2＋50×12%＝7.68（万元）

3.（2024年）2023年甲公司将一幢办公楼出租，取得含增值税租金92.43万元。已知增值税征收率为5%，房产税从租计征的税率为12%。下列关于甲公司2023年出租办公楼应缴纳房产税税额的计算中正确的是（　　）。

A. 92.43÷（1＋5%）×12%＝10.56（万元）

B. 92.43÷（1＋5%）÷（1－12%）×12%＝12（万元）

C. 92.43÷（1－12%）×12%＝12.6（万元）

D. 92.43×12%＝11.09（万元）

4.（2024年）下列各项中，免征房产税的是（　　）。

A.名胜古迹自用的办公楼　　B.机械厂的厂房

C.公园附设的茶社　　D.物流公司的仓库

5.（2024年）甲公司2023年10月将一栋办公楼抵押给乙银行，将一处商铺出租给丙公司，将一间厂房出售给丁公司，上述情形中，应缴纳契税的单位是（　　）。

A.丁公司　　B.丙公司　　C.乙银行　　D.甲公司

6.（2024年）2022年2月法定继承人李某通过继承承受市场价值为100万元的房屋一套，同年10月，李某购买商品房一套，取得增值税普通发票注明金额200万元、税额18万元。已知当地规定的契税税率为3%。计算李某上述行为应缴纳契税税额的下列算式中，正确的是（　　）。

A.（100＋200）×3%＝9（万元）　　B.（100＋200＋18）×3%＝9.54（万元）

C.200×3%＝6（万元）　　D.（200＋18）×3%＝6.54（万元）

7.（2023年）下列各项中，不属于契税征税范围的是（　　）。

A.法定继承人承受房屋权属　　B.房屋买卖

C.房屋典当　　D.房屋互换

8.（2023年）王某将价值80万元的房屋与李某价值100万元的厂房进行互换，差额以现金支付。已知：当地契税税率为3%，则王某应缴纳契税税额的下列算式中，正确的是（　　）。

A.（100＋80）×3%＝5.4（万元）　　B.（100－80）×3%＝0.6（万元）

C.100×3%＝3（万元）　　D.80×3%＝2.4（万元）

9.（2023年）方某向谢某借款80万元，后因谢某急需资金，方某以一套价值90万元的房产抵偿所欠谢某债务，谢某取得该房产产权的同时支付方某差价款10万元。已知，契税税率为3%。根据契税法律制度的规定，下列表述中，正确的是（　　）。

A.方某应缴纳契税3万元　　B.方某应缴纳契税2.4万元

C. 谢某应缴纳契税 2.7 万元　　D. 谢某应缴纳契税 0.3 万元

10.（2023 年）根据房产税法律制度的规定，下列房产中，不属于房产税征税范围的是（　　）。

A. 坐落于县城的酒店大楼　　B. 坐落于市区的办公大楼

C. 坐落于建制镇的生产厂房　　D. 坐落于农村的仓储用房

11.（2023 年）根据房产税法律制度的规定，下列各项中，免征房产税的是（　　）。

A. 廉租住房经营管理单位按照政府规定价格向规定保障对象出租廉租住房

B. 事业单位向专业化规模化住房租赁企业出租住房

C. 企业按市场价格向个人出租用于居住的住房

D. 居民住宅区内业主共有的经营性房产

12.（2023 年）根据车船税法律制度的规定，下列应税车辆中，以辆数为车船税计税依据的是（　　）。

A. 商用客车　　B. 挂车　　C. 商用货车　　D. 轮式专用机械车

13.（2022 年）根据车船税法律制度的规定，下列车辆中，不属于车船税征税范围的是（　　）。

A. 挂车　　B. 低速载货汽车　　C. 三轮汽车　　D. 拖拉机

14.（2022 年）2022 年 4 月甲公司购置了净吨位 600 吨的机动船舶和净吨位 300 吨的非机动驳船各 2 艘。已知机动船舶车船税适用年基准税额为净吨位每吨 4 元。计算甲公司 2022 年度上述船舶应缴纳车船税税额的下列算式中，正确的是（　　）。

A.（600 × 2 × 4 × 50% + 300 × 2 × 4）÷ 12 × 8 = 3 200（元）

B.（600 × 2 × 4 + 300 × 2 × 4 × 50%）÷ 12 × 9 = 4 500（元）

C.（600 × 2 × 4 + 300 × 2 × 4 × 50%）÷ 12 × 8 = 4 000（元）

D.（600 × 2 × 4 × 50% + 300 × 2 × 4）÷ 12 × 9 = 3 600（元）

15.（2022 年）陈某借给王某 200 万元用于生产经营，王某未能按期偿还。双方商定，王某以一套住房抵偿借款 160 万元，其余 40 万元以现金偿还。王某购入该套住房的价格为 100 万元。陈某取得该套住房时应缴纳契税的计税依据为（　　）万元。

A. 200　　B. 160　　C. 100　　D. 40

16.（2022 年）2019 年陈某继承父母的一套住房，当年与王某结婚并在不动产权证书上增加王某的姓名。2022 年陈某与王某将该套住房转让给李某，随后李某将该套住房出租给郑某。上述事项中，契税的纳税人是（　　）。

A. 李某　　B. 王某　　C. 陈某　　D. 郑某

17.（2022 年）甲企业为增值税一般纳税人，拥有一处房产自用，该房产原值 1 200 万元，已计提折旧 100 万元。该房产于 2021 年 12 月更换了监控系统，新系统价值 60 万元，原系统价值 20 万元。已知房产原值减除比例为 30%；房产税从价计征税率为 1.2%。计算甲企业该房产 2022 年度应缴纳房产税税额的下列算式中，正确的是（　　）。

A.（1 200 − 100 + 60）×（1 − 30%）× 1.2% = 9.74（万元）

B.（1 200 + 60）× 1.2% = 15.12（万元）

C.（1 200 + 100 + 60）×（1 − 30%）× 1.2% = 11.42（万元）

D.（1 200 − 20 + 60）×（1 − 30%）× 1.2% = 10.42（万元）

18.（2021年）根据房产税法律制度的规定，下列各项中，属于房产税征税范围的是（　　）。

A. 农村居民住宅　　B. 独立于房屋之外的围墙

C. 独立于房屋之外的水塔　　D. 市区的商业大楼

19.（2021年）根据车船税法律制度的规定，下列各项中，属于机动车车船税扣缴义务人的是（　　）。

A. 机动车登记管理部门

B. 机动车销售机构

C. 机动车所有人所在单位

D. 从事机动车第三者责任强制保险业务的保险机构

20.（2021年）2021年4月甲公司购进净吨位900吨的拖船1艘。已知机动船舶车船税适用年基准税额为每吨4元。计算甲公司2021年度该艘拖船应缴纳车船税税额的下列算式中，正确的是（　　）。

A. 900 × 4 × 50% = 1 800（元）　　B. 900 × 4 ÷ 12 × 9 = 2 700（元）

C. 900 × 4 × 50% ÷ 12 × 9 = 1 350（元）　　D. 900 × 4 = 3 600（元）

二、多项选择题

1.（2024年）下列各项中，属于车船税征税范围的有（　　）。

A. 电动自行车　　B. 半挂牵引车　　C. 载货汽车　　D. 三轮汽车

2.（2024年）下列车辆中，以整备质量吨位数为计税依据的有（　　）。

A. 摩托车　　B. 商用货车　　C. 商用客车　　D. 专用作业车

3.（2023年）根据房产税法律制度的规定，下列有关房产税计税依据的表述中，正确的有（　　）。

A. 融资租赁的房屋，以房产余值计算征收房产税

B. 对附属设备和配套设施中易损坏、需要经常更换的零配件，更新后不再计入房产原值

C. 纳税人对原有房屋进行改建、扩建的，要相应增加房屋的原值

D. 对更换房屋附属设备和配套设施的，在将其价值计入房产原值时，不得扣减原来相应设备和设施的价值

4.（2022年）根据房产税法律制度的规定，下列房产中，属于房产税征税范围的有（　　）。

A. 位于县城的企业生产用房屋　　B. 市区的室内游泳池

C. 农村的菜窖　　D. 市郊公园中的饭店

5.（2021年）根据契税法律制度的规定，下列各项中，属于契税纳税人的有（　　）。

A. 房屋买卖的出售方　　B. 房屋赠与的受赠方

C. 房屋互换支付差价方　　D. 房屋租赁的承租方

6.（2021年）根据车船税法律制度的规定，下列车船中，以整备质量吨位数为计税

依据的有（ ）。

A.挂车 B.商用客车 C.机动船舶 D.专用作业车

7.（2020年）根据《中华人民共和国房产税暂行条例》的规定，下列各项中，不符合房产税纳税义务发生时间规定的有（ ）。

A.纳税人将原有房产用于生产经营，从生产经营之次月起，缴纳房产税

B.纳税人自行新建房屋用于生产经营，从建成之次月起，缴纳房产税

C.纳税人委托施工企业建设的房屋，从办理验收手续之月起，缴纳房产税

D.纳税人购置新建商品房，自房屋交付使用之次月起，缴纳房产税

8.（2020年）下列纳税主体中，属于车船税纳税人的有（ ）。

A.在中国境内拥有并使用船舶的国有企业

B.在中国境内拥有并使用车辆的外籍个人

C.在中国境内拥有并使用船舶的内地居民

D.在中国境内拥有并使用车辆的外国企业

9.（2020年）下列各项中，属于契税征税范围的有（ ）。

A.土地承包经营权转移 B.土地使用权赠与

C.土地使用权出让 D.房屋互换

10.（2020年）下列各项中，免征契税的有（ ）。

A.国家机关承受房屋用于办公

B.纳税人承受荒山土地使用权用于农业生产

C.军事单位承受土地用于军事设施

D.城镇居民购买商品房用于居住

三、判断题

1.（2022年）以划拨方式取得的土地使用权，经批准改为出让方式重新取得该土地使用权的，应由该土地使用权人以补缴的土地出让价款为计税依据缴纳契税。（ ）

2.（2021年）房屋产权出典的，应以出典人为房产税纳税人。（ ）

3.（2020年）对以房产投资联营、投资者参与利润分红、共担风险的，以房产余值作为计税依据计缴房产税。（ ）

4.（2020年）扣缴义务人代收代缴车船税的，纳税地点为扣缴义务人所在地。（ ）

5.（2020年）房屋出租不属于契税征税范围。（ ）

6.（2019年）农村集体土地承包经营权的转移应征收契税。（ ）

7.（2019年）居住在M市的李某将位于Y市的一处自有住房对外出租，李某应向M市税务机关申报缴纳该处住房的房产税。（ ）

8.（2018年）产权未确定及租典纠纷未解决的，暂不征收房产税。（ ）

9（2018年）房屋抵押不属于契税的征税范围。（ ）

10.（2018年）国家机关承受房屋用于办公，免征契税。（ ）

项目十一

解读资源税类法律制度

学习指导

为全面贯彻党的二十大和二十届二中、三中全会精神，以及《中华人民共和国资源税法》《中华人民共和国水法》有关规定，加强水资源管理和保护，促进水资源节约集约安全利用，财政部、税务总局、水利部印发了《水资源税改革试点实施办法》（财税〔2024〕28号），自2024年12月1日起全面实施水资源费改税试点。

本项目基本结构框架

本项目基本结构框架，如图11-1所示。

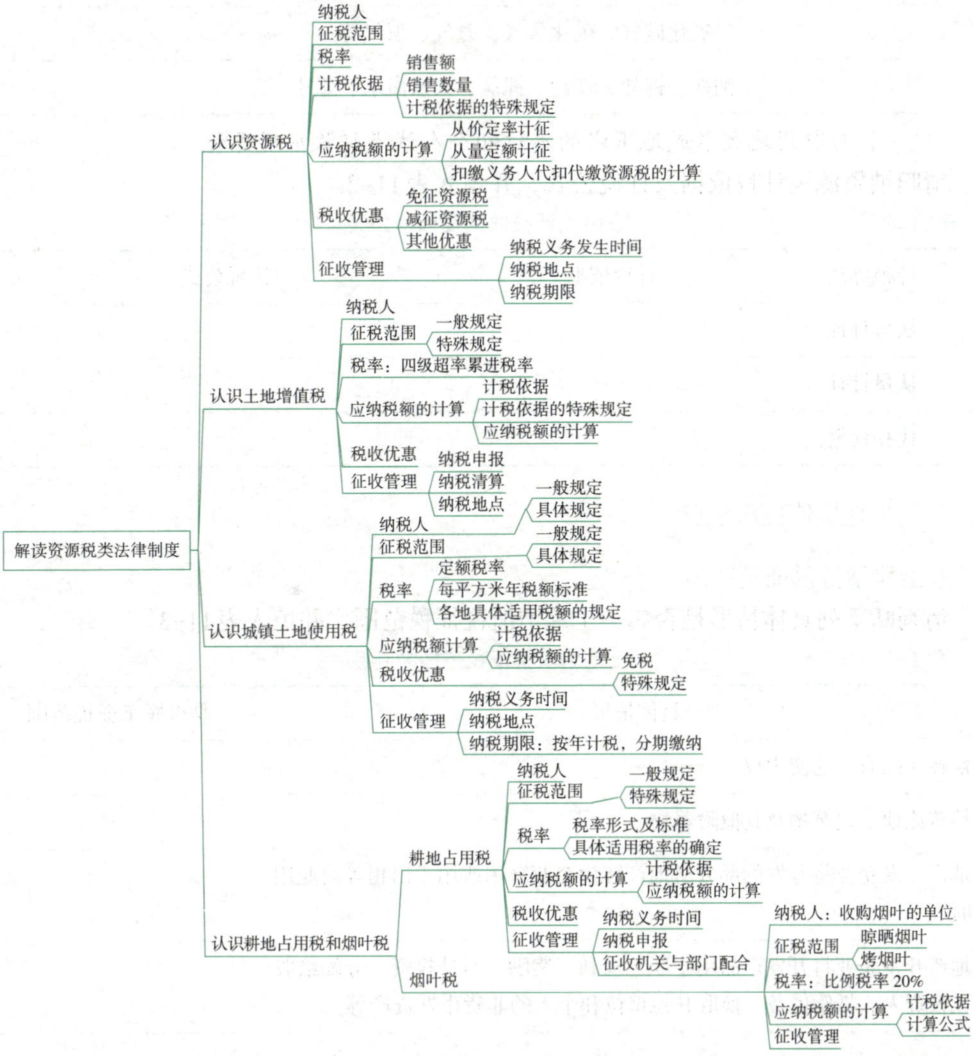

图11-1　本项目基本结构框架图

本项目重难点与业务处理总结

一、资源税重难点

请归纳资源税征税范围，并填入表11-1。

表11-1　资源税征税范围

矿产类型	具体内容
	原油、天然气、煤、铀、钍、地热等
	黑色金属（如铁）、有色金属（如金）
	矿物类（如高岭土）、岩石类（如花岗岩）、宝玉石类（如玛瑙）
	二氧化碳气、硫化氢气、氦气、氡气等
	钠盐、钾盐、镁盐、锂盐、天然卤水、海盐

【提示】对取用地表水或地下水的单位和个人试点征收水资源税。

请归纳资源税计税依据及计税公式，并填入表11-2。

表11-2　资源税计税依据及计税公式

计税办法	计税依据	计税公式
从价计征		
从量计征		
代扣代缴		

二、土地增值税重难点

1. 土地增值税征税范围

请判断下列具体情形是否属于土地增值税征税范围，并填入表11-3。

表11-3　土地增值税征税范围的判断

具体情形	是否属于征税范围
有偿转让国有土地使用权	
有偿转让地上建筑物及其他附着物	
房地产开发企业将开发的部分房地产转为企业自用或用于出租等商业用途时	
房地产开发企业将开发产品用于职工福利、奖励、对外投资、分配给股东或投资人、抵偿债务、换取其他单位和个人的非货币性资产等	

续表

具体情形	是否属于征税范围
房地产交换	
合作建房	
房地产出租	
房地产抵押	
房地产代建行为	
房地产重新评估	
土地使用者处置土地使用权	
企业改制重组	

2. 扣除项目金额的确定

请归纳不同企业土地增值税税前扣除项目的相关规定，并填入表11-4。

表11-4　不同企业土地增值税税前扣除项目

扣除项目	新建房地产		存量房地产	
	非房地产企业	房地产企业	旧房及建筑物	土地使用权
取得土地使用权所支付的金额				
房地产开发成本				
房地产开发费用				
与转让房地产有关的税金				
其他扣除项目（加计扣除）				
旧房及建筑物的评估价格				

3. 土地增值税清算

请归纳纳税人“应当”或“可以”进行土地增值税清算的不同情形，并填入表11-5。

表 11-5 土地增值税的清算条件

“应当”进行清算的情况	“可以”进行清算的情况
(1)	(1)
(2)	(2)
(3)	(3)
	(4)

三、城镇土地使用税重难点

1. 城镇土地使用税纳税人

请归纳城镇土地使用税纳税人的相关规定，并填入表11-6。

表11-6 城镇土地使用税纳税人

情形	具体纳税人
拥有土地使用权的纳税人自己使用	
拥有土地使用权的纳税人不在土地所在地	
土地使用权未确定或权属纠纷未解决	
土地使用权共有的	

2. 城镇土地使用税计税依据

请归纳城镇土地使用税实际占用土地面积的确定方法，并填入表11-7。

表11-7 实际占用土地面积的确定方法

情形	实际占用土地面积确定
已测定土地面积的	
尚未组织测定，但已核发土地使用证书的	
尚未核发土地使用证书的	

四、比较城镇土地使用税与房产税

请分析比较城镇土地使用税与房产税，并填入表11-8。

表11-8　　城镇土地使用税与房产税的比较

项目		房产税	城镇土地使用税
纳税人			
征税对象			
征税范围			
税率			
税额计算			
税收优惠	非营利性机构“自用”房产或土地		
	免税单位无偿使用纳税单位土地或房产		
	对纳税单位无偿使用免税单位的土地或房产		
	个人所有“非营业用”房产或土地		
纳税义务发生时间	纳税人购置新建商品房		
	纳税人购置存量房		
	纳税人出租、出借房产		
纳税地点			
纳税期限			

同步训练

基础知识训练

一、单项选择题

1.（2024年）下列各项中，应征收土地增值税的是（　　）。

A. 出租商用写字楼　　B. 承租房屋

C. 转让国有土地使用权　　D. 出让国有土地使用权

2.（2024年）2024年5月甲房地产开发公司销售自行开发的一处住宅项目，取得不含增值税价款8 000万元，扣除项目金额5 000万元。已知，增值额超过扣除项目金额50%、未超过扣除项目金额100%的，土地增值税税率为40%、速算扣除系数为5%。计算甲房地产开发公司销售该住宅项目应缴纳土地增值税税额的下列算式中，正确的是（　　）。

A.8 000 × 40% = 3 200 （万元）

B.（8 000 − 5 000）× （40% − 5%）= 1 050（万元）

C.（8 000 − 5 000）× 40% × 5% = 60（万元）

D.（8 000 − 5 000）× 40% − 5 000 × 5% = 950（万元）

3.（2024年）下列情形中，应缴纳耕地占用税的是（　　）。

A.占用耕地建设工厂　　B.占用耕地建设储存农用机具的仓库

C.占用耕地建设培育种子的设施　　D.占用耕地建设畜禽养殖设施

4.（2024年）甲公司的办公楼位于市区，实际占地面积为4 000平方米，该办公楼有3层，每层楼房建筑面积为3 000平方米。已知城镇土地使用税适用税率为每平方米每年2元。计算甲公司当年应缴纳城镇土地使用税税额的下列算式中，正确的是（　　）。

A.4 000 × 2 = 8 000（元）　　B.3 000 × 2 = 6 000（元）

C.3 000 × 3 × 2 = 18 000（元）　　D.（4 000 + 3 000 × 3）× 2 = 26 000（元）

5.（2024年）下列城市用地中，不属于城镇土地使用税免税项目的是（　　）。

A.国家机关自用的土地　　B.公园自用的土地

C.市政街道公共用地　　D.企业生活区用地

6.（2023 年）根据土地增值税法律制度的规定，下列各项中，属于土地增值税征税范围的是（　　）。

A.甲服装公司将厂房转让

B.王某将住房对外出租

C.乙房地产公司将开发的商品房转为办公自用

D.夏某将商铺用于抵押

7.（2023 年）2022 年 7 月甲公司销售自行开发的房地产项目，取得不含增值税销售收入 9 000 万元，准予从房地产转让收入中扣减的扣除项目金额为 5 900 万元。已知增值额超过扣除项目金额 50%、未超过扣除项目金额 100%的部分，土地增值税税率为 40%，速算扣除系数为 5%。甲公司该笔业务应缴纳土地增值税税额的下列算式中，正确的是（　　）。

A.（9 000 − 5 900）× 40% + 5 900 × 5% = 1 535（万元）

B.9 000 × 40% = 3 600（万元）

C.（9 000 − 5 900）× 40% − 5 900 × 5% = 945（万元）

D.9 000 × 40% − 5 900 × 5% = 3 305（万元）

8.（2023 年）根据耕地占用税法律制度的规定，下列情形中，应征收耕地占用税的是（　　）。

A.医疗机构内职工住房占用耕地　　B.鸡鸭养殖设施占用耕地

C.森林防火设施占用耕地　　D.储存种子的仓储设施占用耕地

9.（2023 年）甲林场为增值税一般纳税人，2022 年占用土地中，育林地 150 000 平方米，林场内森林公园用地 100 000 平方米，办公用地 30 000 平方米。已知城镇土地使用税每平方米年税额为 2 元。计算甲林场 2022 年度应缴纳城镇土地使用税税额的下列算式中，正确的是（　　）。

A.100 000 × 2 = 200 000（元）　　B.（150 000 + 30 000）× 2 = 360 000（元）

C.30 000 × 2 = 60 000（元）　　D.（150 000 + 100 000）× 2 = 500 000（元）

10.（2022 年）根据城镇土地使用税法律制度的规定，下列关于城镇土地使用税纳税人的表述中，不正确的是（　　）。

A. 土地使用权未确定或权属纠纷未解决的，由实际使用人缴纳

B. 拥有土地使用权的纳税人不在土地所在地的，暂不缴纳

C. 土地使用权共有的，共有各方均为纳税人，由共有各方分别缴纳

D. 城镇土地使用税由拥有土地使用权的单位或个人缴纳

11.（2022 年）甲公司购入一宗土地，取得政府部门核发的土地使用证书注明的该宗土地面积为 1 800 平方米。甲公司在该土地上建造办公楼，楼座占地面积为 1 200 平方米，建筑面积 5 000 平方米。甲公司该宗土地应缴纳城镇土地使用税的土地面积为（　　）平方米。

A.5 000　　B.1 200　　C.8 000　　D.1 800

12（2022 年）甲物流公司位于郊区，2022 年度实际占地 3 000 平方米，其中大宗商品仓储设施用地 2 000 平方米，办公生活区用地 1 000 平方米。已知城镇土地使用税每平方米年税额为 3 元。计算甲物流公司 2022 年度应缴纳城镇土地使用税税额的下列算式中，正确的是（　　）。

A.3 000 × 3 = 9 000（元）

B.3 000 × 3 × 50% = 4 500（元）

C.2 000 × 3 × 50% + 1 000 × 3 = 6 000（元）

D.1 000 × 3 = 3 000（元）

13.（2022 年）甲公司购买一幢旧办公楼，2022 年 5 月 12 日签订合同并付讫全部款项，2022 年 6 月 3 日入驻办公楼，2022 年 7 月 2 日办理完权属变更登记。甲公司持有该办公楼城镇土地使用税的纳税义务发生时间为（　　）。

A.2022 年 8 月　　B.2022 年 7 月　　C.2022 年 6 月　　D.2022 年 5 月

14.（2022 年）根据土地增值税法律制度的规定，下列情形中，属于土地增值税征税范围的是（　　）。

A. 王某转让商铺　　B. 甲公司承租仓库　　C. 陈某出租住房　　D. 乙公司抵押厂房

15.（2022 年）2022 年 12 月甲公司销售的自行开发的房地产项目，取得不含税收入 6 000 万元，准予从房地产销售收入中减除的扣除项目金额为 3 500 万元，已知土地增值税适用税率为 40%，速算扣除系数为 5%。计算甲公司该笔业务应缴纳土地增值税的下列算式中，正确的是（　　）。

A.6 000 × 40% − 3 500 × 5% = 2 225（万元）

B.（6 000 − 3 500）× 5% = 125（万元）

C.（6 000 – 3 500）× 40% – 3 500 × 5% = 825（万元）

D.（6 000 – 3 500）× 40% – 6 000 × 5% = 700（万元）

16.（2022年）根据土地增值税法律制度的规定，纳税人开发房地产项目发生的下列支出中，不计入房地产开发成本的是（　　）。

A. 建筑安装工程费　　B. 取得土地使用权时缴纳的契税

C. 拆迁补偿费　　D. 基础设施费

17.（2022年）2022年1月甲公司转让办公楼，取得不含增值税收入550万元。该办公楼2018年1月购入，购房发票注明不含增值税价格为400万元，购房时缴纳契税16万元并取得完税凭证。甲公司转让办公楼不能取得评估价格，在计算土地增值税时允许扣除的相关税费为5万元。计算甲公司转让该办公楼土地增值税增值额的下列算式中，正确的是（　　）。

A. 550 –（400 + 16）×（1 + 4 × 5%）= 50.8（万元）

B. 550 – 400 – 16 – 5 = 129（万元）

C. 550 – 400 – 5 = 145（万元）

D. 550 – 400 ×（1 + 4 × 5%）– 16 – 5 = 49（万元）

18.（2021年）根据资源税法律制度的规定，下列情形中，应缴纳资源税的是（　　）。

A. 火电厂使用煤炭发电　　B. 石材厂购进大理岩加工瓷砖

C. 油田销售所开采的原油　　D. 钢铁厂进口铁矿石

19.（2021年）甲煤矿为增值税一般纳税人，2021年8月销售原煤取得不含增值税价款435万元，其中包含从坑口到码头的运输费用10万元、随运销产生的装卸费用5万元，均取得增值税发票。已知资源税税率为2%。甲煤矿当月应缴纳资源税税额为（　　）万元。

A. 8.4　　B. 8.9　　C. 9　　D. 8.7

20.（2021年）根据土地增值税法律制度的规定，下列情形中，应征收土地增值税的是（　　）。

A. 丙公司对外出租仓库

B. 甲公司抵押自有厂房，该厂房尚处于抵押期间

C. 陈某有偿转让拥有的一处商业用房

D. 乙公司通过国家机关将办公楼无偿赠与公益事业

二、多项选择题

1.（2024年）下列各项中，属于资源税纳税人的有（　　）。

A. 出口煤炭的煤场　　B. 在境内开采铜矿的矿业公司

C. 进口原油的贸易公司　　D. 销售柴油的加油站

2.（2024年）下列各项中，可以免征耕地占用税的有（　　）。

A. 军用机场占用的耕地

B. 养老院为老人提供生活场所占用的耕地

C. 幼儿园用于幼儿保育、教育的场所占用的耕地

D. 学校内教职工住房占用的耕地

3.（2022年）根据耕地占用税法律制度的规定，下列各项中，不缴纳耕地占用税的有（　　）。

A. 占用耕地建设储存农用机具的仓库

B. 占用养殖水面建设专为农业生产服务的灌溉排水设施

C. 占用竹林地建设木材集材道

D. 占用天然牧草地建设旅游度假村

4.（2022年）根据耕地占用税法律制度的规定，下列占用耕地的建设项目中，减征耕地占用税的有（　　）。

A. 经批准建设的国道的主体工程

B. 经批准建设的城区内机动车道

C. 经批准建设的民用机场跑道

D. 经批准建设的港口内供船舶停靠的场所

5.（2022年）根据烟叶税法律制度的规定，下列各项中，属于烟叶税征收范围的有（　　）。

A. 晾晒烟叶　　B. 烟丝　　C. 卷烟　　D. 烤烟叶

6.（2022年）根据资源税法律制度的规定，下列各项中，免征资源税的有（　　）。

A. 在油田范围内运输原油过程中用于加热的原油

B. 煤炭开采企业因安全生产需要抽采的煤成气

C. 从低丰度油气田开采的原油

D. 从深水油气田开采的天然气

7.（2021年）根据土地增值税法律制度的规定，下列各项中，在计算土地增值税时，应计入房地产开发成本的有（　　）。

A. 公共配套设施费　　B. 建筑安装工程费

C. 取得土地使用权所支付的地价款　　D. 土地征用及拆迁补偿费

8.（2021年）根据烟叶税法律制度的规定，纳税人支付的下列款项中，应计入烟叶税计税依据的有（　　）。

A. 支付给物流公司的烟叶运输费用

B. 向税务机关缴纳的烟叶税

C. 支付给烟叶生产销售单位的烟叶收购价款

D. 支付给烟叶生产销售单位的价外补贴

9.（2020年）根据土地增值税法律制度的有关规定，下列各项属于税务机关可要求纳税人进行土地增值税清算的有（　　）。

A. 房地产开发项目全部竣工并完成销售的

B. 整体转让未竣工决算房地产开发项目的

C. 纳税人申请注销税务登记但未办理土地增值税清算手续的

D. 取得销售（预售）许可证满3年仍未销售完毕的

10.（2019年）根据土地增值税法律制度的规定，下列行为中，应征收土地增值税的有（　　）。

A.企业转让国有土地使用权　　B.政府出让国有土地使用权

C.企业出售不动产　　D.个人出租不动产

三、判断题

1.（2024年）双方合作建造商品房，建成后转让的，应征收土地增值税。（　　）

2.（2024年）纳税人建造普通标准住宅出售，增值额未超过扣除项目金额20%的，免征土地增值税。（　　）

3.（2023年）因国家建设需要搬迁，企业自行转让原房地产，应缴纳土地增值税。（　　）

4.（2023年）经批准新征用的耕地，城镇土地使用税纳税义务发生时间为批准征用的次月。（　　）

5.（2022年）城镇土地使用税可按月计算，一次性缴纳。（　　）

6.（2022年）占用基本农田的，应当按照法定的当地适用税额，加按150%征收。（　　）

7.（2022年）土地增值税纳税人发生应税行为，应向纳税人登记注册地主管税务机关缴纳土地增值税。（　　）

8.（2021年）纳税人出租房产，应自交付出租房产之月起缴纳城镇土地使用税。（　　）

9.（2021年）企业进口原油应缴纳资源税。（　　）

10.（2021年）土地使用权未确定或权属纠纷未解决的，暂不缴纳城镇土地使用税。（　　）

案例分析训练

【业务案例11-1】位于某市区的一家房地产开发公司2024年度开发建设办公楼一栋，开发该办公楼支付地价款320万元，另支付相关税费10万元；支付拆迁补偿费80万元、基础设施费100万元、建筑安装工程费480万元；实际发生借款利息120万元，但该公司不能提供金融机构贷款证明；开发完成后将其全部销售给位于同市的某工业企业，签订销售合同，销售金额共计1 800万元；该开发项目缴纳增值税税额90万元（增值税简易征收率为5%）。

已知当地省政府规定，房地产开发费用的扣除比例为9%，城市维护建设税税率为7%，教育费附加征收率为3%。

要求：根据上述资料，分析回答下列问题。

1.该房地产开发公司销售办公楼在计算土地增值额时，可扣除的开发成本为（　　）万元。

A.180　　B.560　　C.580　　D.660

2. 该房地产开发公司销售办公楼在计算土地增值额时，可扣除的开发费用为（　　）万元。

A.99　　B.89.1　　C.88.2　　D.88

3. 该房地产开发公司销售办公楼在计算土地增值额时，可扣除的相关税金为（　　）万元。

A.9　　B.90　　C.99　　D.108

4. 该房地产开发公司销售办公楼计算的土地增值税为（　　）万元。

A.1 286.1　　B.1 178.1　　C.621.9　　D.513.9

5. 该房地产开发公司销售办公楼应缴纳的土地增值税为（　　）万元。

A.154.17　　B.186.57　　C.550.44　　D.529.25

项目十二

解读行为税类法律制度

学习指导

2024年7月18日，中国共产党第二十届中央委员会第三次全体会议通过《中共中央关于进一步全面深化改革 推进中国式现代化的决定》，中央将研究把城市维护建设税、教育费附加、地方教育附加合并为地方附加税，授权地方在一定幅度内确定具体适用税率。这一举措的核心思路在于增加地方自主财力，适当扩大地方税收管理权限。

本项目基本结构框架

本项目基本结构框架，如图12-1所示。

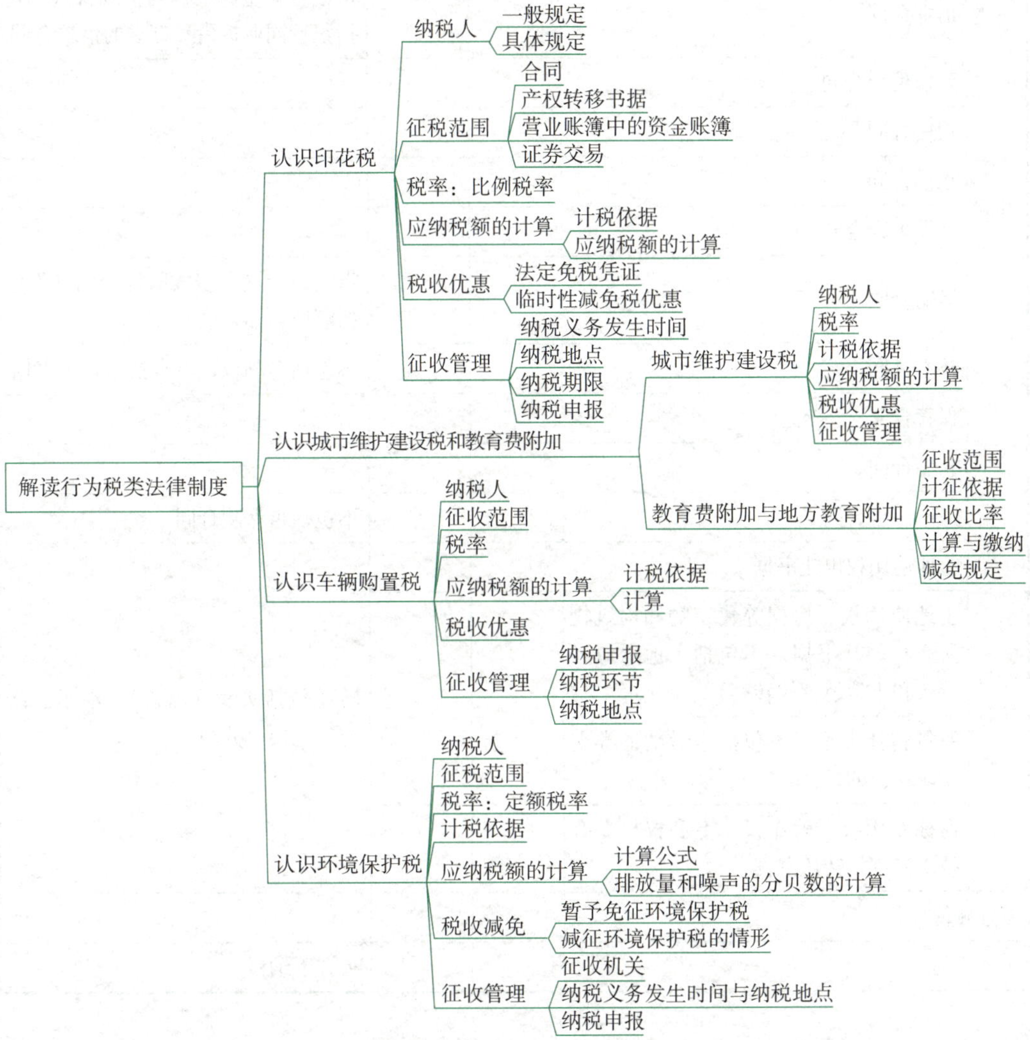

图12-1　本项目基本结构框架图

本项目重难点与业务处理总结

一、印花税重难点

1. 印花税税目、税率和纳税人

请归纳印花税税目、税率和纳税人的相关规定，并填入表12-1。

表12-1 印花税税目、税率和纳税人

税目		税率	纳税人	备注
合同	买卖合同			指动产买卖合同（不包括个人书立的动产买卖合同）
	借款合同			指银行业金融机构与借款人（不包括银行同业拆借）订立的借款合同
	融资租赁合同			
	租赁合同			
	承揽合同			
	建设工程合同			
	运输合同			指货运合同和多式联运合同（不包括管道运输合同）
	技术合同			不包括专利权、专有技术转让书据
	保管合同			
	仓储合同			
	财产保险合同			不包括再保险合同
产权转移书据	土地使用权出让书据			转让包括买卖（出售）、继承、赠与、互换、分割
	土地使用权、房屋等建筑物和构筑物所有权转让书据（不包括土地承包经营权和土地经营权转移）			
	股权转让书据（不包括应缴纳证券交易印花税的）			
	商标专用权、著作权、专利权、专有技术使用权转让书据			
营业账簿				
证券交易				买方不纳税

2. 印花税的计税依据

请归纳印花税计税依据的相关规定，并填入表12-2。

表12-2　印花税计税依据

凭证名称	计税依据
应税合同	
应税产权转移书据	
应税营业账簿	
证券交易	
未列明金额时的计税依据	
同一合同、产权转移书据中涉及两方以上纳税人，且未列明纳税人各自涉及金额的	
应税合同、应税产权转移书据所列的金额与实际结算金额不一致	
纳税人因应税凭证列明的增值税税款计算错误导致应税凭证的计税依据减少或者增加的	
转让股权的	
应税凭证金额为人民币以外的货币的	
多式联运，采用在起运地统一结算全程运费的	
多式联运，采用分程结算运费的	
(1) 未按规定建立印花税应税凭证登记簿，或未如实登记和完整保存应税凭证的	
(2) 拒不提供应税凭证或不如实提供应税凭证致使计税依据明显偏低的	
(3) 采用按期汇总缴纳办法的，未按税务机关规定的期限报送汇总缴纳印花税情况报告，经税务机关责令限期报告，逾期仍不报告的或者税务机关在检查中发现纳税人有未按规定汇总缴纳印花税情况的	
同一应税凭证载有两个或者两个以上经济事项	
未履行的应税合同、产权转移书据	

3. 印花税的纳税期限

请归纳印花税纳税期限的相关规定，并填入表12-3。

表12-3 印花税纳税期限汇总

方式	纳税期限
实行按季、按年计征的	
实行按次计征的	
按周解缴（证券交易印花税）	

二、车辆购置税重难点

请归纳车辆购置税计税依据和应纳税额的计算，并填入表12-4。

表12-4 车辆购置税计税依据和应纳税额的计算

情形	计税依据	应纳税额
购买自用		
进口自用		
自产自用		
受赠、获奖或者其他方式取得		
申报的计税价格明显偏低，又无正当理由的		

三、环境保护税重难点

请归纳环境保护税的计税依据和计算公式，并填入表12-5。

表12-5 环境保护税的计税依据和计算公式

名 称	计税依据	计算公式
应税大气污染物		
应税水污染物		
应税固体废物		
应税噪声		

同步训练

基础知识训练

一、单项选择题

1.（2024年）甲公司与乙公司签订买卖合同，合同约定丙为担保人。下列关于该合同印花税纳税人的表述中，正确的是（　　）。

A.乙、丙为纳税人　　B.甲、丙为纳税人

C.甲、乙为纳税人　　D.甲、乙、丙为纳税人

2.（2024年）下列各项中，不征收印花税的是（　　）

A.法律咨询合同　B.财产保险合同　C.公路运输合同　D.加工承揽合同

3.（2024年）下列各项中，不征收车辆购置税的是（　　）。

A.排气量160毫升的摩托车　　B.汽车挂车

C.电动自行车　　D.汽车

4.（2024年）2023年8月甲公司进口一辆小汽车自用，海关审定的关税计税价格为60万元，甲公司向海关缴纳关税9万元，消费税23万元。已知车辆购置税税率为10%，不考虑其他因素，甲公司进口自用小汽车应缴纳的车辆购置税税额为（　　）万元。

A.6.9　B.8.3　C.9.2　D.6

5.（2024年）下列各项中，不属于环境保护税征税范围的是（　　）。

A.工业噪声　B.固体废物　C.光污染　D.水污染物

6.（2024年）甲公司2023年6月销售货物缴纳增值税20 000元，消费税8 000元，进口货物缴纳进口环节增值税10 000元，消费税4 000元。已知甲公司所在地适用的城市维护建设税税率为7%。计算甲公司6月份应缴纳城市维护建设税税额的下列算式中，正确的是（　　）。

A.（20 000＋8 000）×7%＝1 960（元）

B.（20 000＋10 000）×7%＝2 100（元）

C.（8 000＋4 000）×7%＝840（元）

D.（20 000＋10 000＋8 000＋4 000）×7%＝2 940（元）

7.（2023年）根据印花税法律制度的规定，下列凭证中，不属于印花税征税范围的是（　　）。

A.建设工程合同的分包合同

B.股权转让书据

C.发电厂与电网之间书立的购售电合同

D.仲裁机构的仲裁文书

8.（2023年）根据车辆购置税法律制度的规定，下列各项中，不属于车辆购置税征收范围的是（　　）。

A.汽车　　B.汽车挂车　　C.电动自行车　　D.有轨电车

9.（2023年）2022年10月甲公司向税务机关实际缴纳增值税500万元；向海关缴纳进口环节增值税200万元、消费税260万元。已知城市维护建设税适用税率为7%。计算甲公司当月应缴纳城市维护建设税税额的下列算式中，正确的是（　　）。

A.500×7%＝35（万元）　　B.（500＋200＋260）×7%＝67.2（万元）

C.（500＋200）×7%＝49（万元）　　D.（500＋260）×7%＝53.2（万元）

10.（2022年）2022年11月甲企业进口3辆小汽车用于日常经营活动，关税完税价格为285万元，缴纳进口关税85.5万元、消费税18.75万元。计算甲企业当月车辆购置税计税价格的下列算式中，正确的是（　　）。

A. 285－85.5＋18.75＝218.25（万元）

B. 285＋85.5＋18.75＝389.25（万元）

C. 285－85.5－18.75＝180.75（万元）

D. 285＋85.5－18.75＝351.75（万元）

11.（2022年）根据教育费附加法律制度的规定，下列关于教育费附加减免的表述中，正确的是（　　）。

A. 对出口产品退还增值税的，应同时退还全部已征的教育费附加

B. 对出口产品退还消费税的，应同时退还已征教育费附加的50%

C. 对海关进口产品征收的增值税，不征收教育费附加

D. 对外商投资企业在境内实际缴纳的增值税，不征收教育费附加

12.（2021年）某电厂与某运输公司签订了两份运输保管合同。第一份合同载明的金额合计50万元（运费和保管费并未分别记载）；第二份合同中注明运费为30万元、保管费10万元。已知运输合同印花税税率为0.3‰，保管合同印花税税率为1‰。分别计算该电厂第一份、第二份合同应缴纳的印花税税额为（　　）。

A.500元、400元　　B.150元、190元

C.500元、190元　　D.150元、400元

13（2021年）甲公司为增值税一般纳税人，2019年5月应向税务机关缴纳消费税100万元，实际缴纳消费税90万元，按照留抵退税规定退还增值税60万元。已知城市维护建设税税率为7%。甲公司当月应缴纳城市维护建设税税额为（　　）万元。

A.6.3　　B.7　　C.2.1　　D.2.8

14.（2021年）甲公司为增值税一般纳税人，2019年8月进口货物实际缴纳关税60万元、增值税80万元，境内销售货物实际缴纳增值税100万元。已知城市维护建设税税率为7%。甲公司当月应缴纳城市维护建设税税额为（　　）万元。

A.4.2　　B.12.6　　C.7　　D.9.8

15.（2021年）根据教育费附加法律制度的规定，纳税人向税务机关实际缴纳的下列税款中，应计入教育费附加计征依据的是（　　）。

A. 城市维护建设税税款　　B. 房产税税款

C. 土地增值税税款　　D. 增值税税款

16.（2021年）2019年6月甲公司进口一辆小汽车自用，海关审定的关税完税价格60万元，甲公司向海关缴纳关税15万元、增值税13万元、消费税25万元。已知车辆购置税税率为10%。甲公司进口自用小汽车应缴纳车辆购置税税额为（　　）万元。

A.11.3　　B.10　　C.8.8　　D.7.5

17.（2021年）根据环境保护税法律制度的规定，下列情形中，应征收环境保护税的是（　　）。

A. 机动车等流动污染源排放应税污染物

B. 企业处置固体废物不符合国家和地方环境保护标准

C. 企业综合利用的固体废物，符合国家和地方环境保护标准

D. 依法设立的生活垃圾集中处理场所在国家和地方规定排放标准内排放应税污染物

18.（2021年）根据环境保护税法律制度的规定，下列情形中，应缴纳环境保护税的是（　　）。

A. 小区物业公司维修下水道产生的噪声

B. 热电厂在符合国家和地方环境保护标准的场所储存固体废物

C. 运输车辆排放不超过国家规定标准的尾气

D. 依法设立的城乡污水集中处理场所超过国家和地方规定的排放标准向环境排放应税污染物

19.（2021年）根据环境保护税法律制度的规定，下列各项中，不属于环境保护税征税范围的是（　　）。

A. 工业噪声　　B. 电磁辐射　　C. 尾矿　　D. 冶炼渣

20.（2020年）甲公司为增值税一般纳税人，2020年9月向税务机关实际缴纳增值税260 000元、消费税750 000元、城市维护建设税70 700元。已知，教育费附加征收比率为3%。计算甲公司当月应缴纳教育费附加的下列算式中，正确的是（　　）。

A. （750 000 + 70 700）× 3% = 24 621（元）

B. （260 000 + 70 700）× 3% = 9 921（元）

C. （260 000 + 750 000）× 3% = 30 300（元）

D. （260 000 + 750 000 + 70 700）× 3% = 32 421（元）

二、多项选择题

1.（2022年）根据车辆购置税法律制度的规定，下列车辆中，免征车辆购置税的有（　　）。

A. 贸易公司进口自用的商务汽车

B. 城市公交公司购买的公共汽车

C. 中国人民武装警察部队列入装备订货计划的小汽车

D. 设有固定装置的非运输专用作业车辆

2.（2021年）根据车辆购置税法律制度的规定，下列情形中，应缴纳车辆购置税的有（　　）。

A.自产应税车辆并自用　　B.受赠应税车辆并自用

C.购买应税车辆并自用　　D.进口应税车辆并自用

3.（2021年）根据车辆购置税法律制度的规定，下列各项中，属于车辆购置税征收范围的有（　　）。

A.汽车　　B.汽车挂车

C.排气量125毫升的摩托车　　D.有轨电车

4.（2021年）根据环境保护税法律制度的规定，下列关于环境保护税计税依据的表述中，正确的有（　　）。

A.应税固体废物按照固体废物的排放量确定

B.应税大气污染物按照污染物排放量折合的污染当量数确定

C.应税噪声按照超过国家规定标准的分贝数确定

D.应税水污染物按照污染物排放量折合的污染当量数确定

5.（2019年）根据印花税法律制度的规定，下列各项中，属于印花税征收范围的有（　　）。

A.审计咨询合同　　B.财产保险合同

C.技术中介合同　　D.建筑工程分包合同

6.（2019年）根据印花税法律制度的规定，下列各项中，属于印花税征收范围的有（　　）。

A.权利许可证照　　B.财产保险合同

C.融资租赁合同　　D.建设工程合同

7.（2019年）根据城市维护建设税法律制度的规定，下列关于城市维护建设税税收优惠的表述中，正确的有（　　）。

A.对出口货物退还增值税、消费税的，应退还已缴纳的城市维护建设税

B.对进口货物缴纳的增值税、消费税税额，不征收城市维护建设税

C.对境外个人向境内销售服务缴纳的增值税税额，不征收城市维护建设税

D.对境外单位向境内销售无形资产缴纳的增值税税额，不征收城市维护建设税

8.（2018年）根据环境保护税法律制度的规定，下列各项中，属于环境保护税征税范围的有（　　）。

A.噪声　　B.固体废物　　C.大气污染物　　D.水污染物

9.（2018年）根据印花税法律制度的规定，下列各项中，免征印花税的有（　　）。

A.无息或者贴息借款合同

B.抢险救灾物资运输结算凭证

C.应税凭证的副本

D.财产所有人将财产赠给学校订立的产权转移书据

10.（2017年改）张某于2015年以每套80万元的价格购入两套高档公寓作为投资。2017年将其中一套公寓以100万元的价格转让给谢某，从中获利20万元，根据我国税

收法律制度的规定，张某出售公寓的行为应缴纳的税种有（　　）。

A.个人所得税　　B.印花税　　C.契税　　D.土地增值税

三、判断题

1.（2023年）机动车排放应税污染物的，应当缴纳环境保护税。（　　）

2.（2022年）车辆购置税实行一次性征收。（　　）

3.（2022年）民航客机飞行中排放燃料废气等应税污染物的，暂予免征环境保护税。（　　）

4.（2022年）企业直接向环境排放应税污染物，应当向其机构所在地的税务机关申报缴纳环境保护税。（　　）

5.（2021年）同一份应税凭证载有两个以上税目事项未分别列明金额的，从高适用税率计算缴纳印花税。（　　）

6.（2021年）财产所有权人将财产赠与政府、学校书立的产权转移书据，免征印花税。（　　）

7.（2021年）转让住房订立的应税凭证，免征个人（不包括个体工商户）应当缴纳的印花税。（　　）

8.（2021年）甲公司进口汽车自用，应在进口环节向海关申报缴纳车辆购置税。（　　）

9.（2021年）纳税人购买自用应税车辆的车辆购置税计税价格，为纳税人支付给销售者的含增值税价款。（　　）

10.（2021年）造纸厂向依法设立的污水处理场所排放污水，应缴纳环境保护税。（　　）

项目十三

解读劳动合同法与社会保险法

学习指导

按照《全国人民代表大会常务委员会关于实施渐进式延迟法定退休年龄的决定》，我国自2025年1月1日起，逐步将男职工的法定退休年龄从原60周岁延迟到63周岁，将女职工的法定退休年龄从原50周岁、55周岁，分别延迟到55周岁、58周岁。《国务院关于渐进式延迟法定退休年龄的办法》提出，自2025年1月1日起，职工达到国家规定的按月领取基本养老金最低缴费年限，可以自愿选择弹性提前退休，提前时间距法定退休年龄最长不超过3年，且退休年龄不得低于女职工50周岁、55周岁及男职工60周岁的原法定退休年龄。职工达到法定退休年龄时，所在单位与职工协商一致的，可以弹性延迟退休，延迟时间距法定退休年龄最长不超过3年。

本项目基本结构框架

本项目基本结构框架，如图13-1所示。

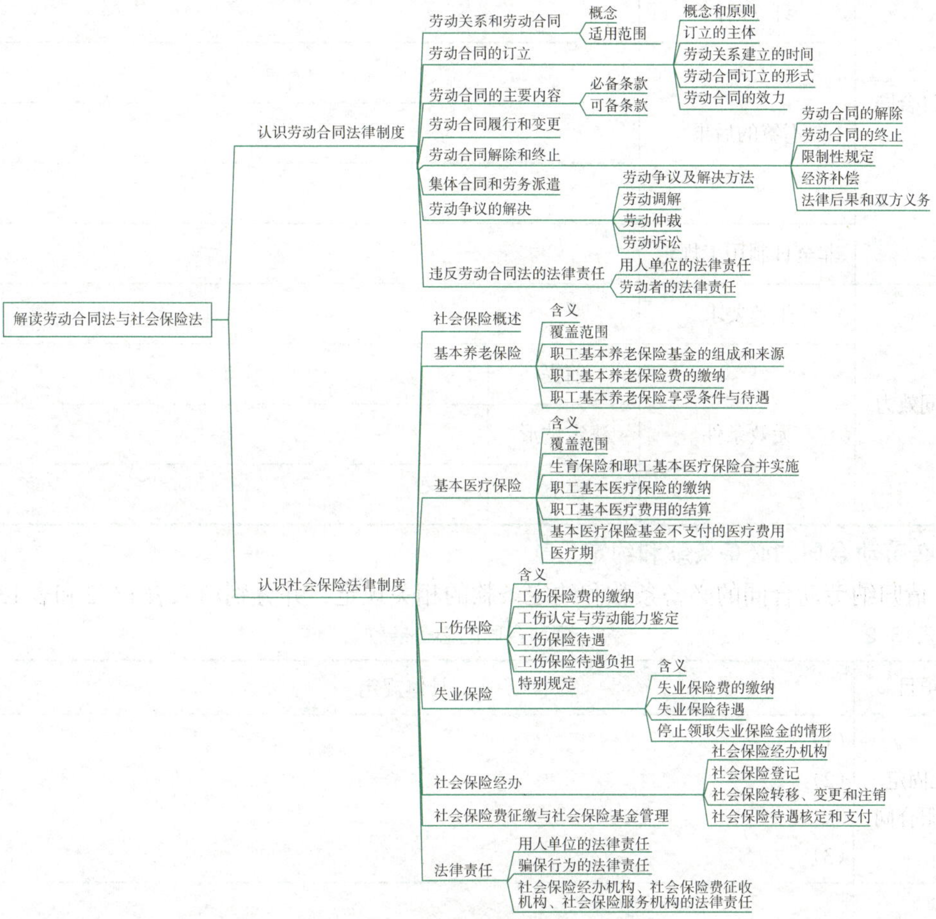

图13-1　本项目基本结构框架图

本项目重难点与业务处理总结

一、劳动合同法律制度重难点

1. 劳动合同的订立

请归纳劳动合同的订立的相关规定，并填入表13-1。

表13-1　劳动合同的订立

项目			具体要求
订立主体	劳动者		
	用人单位		
建立关系时间计算			
签订合同	形式		
	订立时间		
	不签的后果		
	非全日制用工规定		
合同效力	生效要求		
	无效条件	前提	
		法定情形	
		后果	

2. 劳动合同的必备条款和约定条款

请归纳劳动合同的必备条款和约定条款的相关规定，并分别填入表13-2和表13-3。

表13-2　劳动合同的必备条款

项目	具体规定
无固定期限合同	（1） （2） （3）

续表

项目	具体规定			
带薪年休假	满1年不满10年			带薪事假累计20天以上；享受寒暑假超过年休假天数均不享受
	满10年不满20年			
	满20年			
特殊情况的工资支付	部分人放假节日			
	平时加班			
	周末加班			
	法定休假日加班			
	不支付加班费的罚则			
	扣工资规定			

表13-3　劳动合同的约定条款

约定条款		具体规定
试用期	以完成一定工作任务为期限	
	不满3个月	
	3个月以上，不满1年	
	1年以上，不满3年	
	3年以上固定期限	
	无固定期限	
	试用期工资	
服务期	服务期的约定内容	
	违反服务期的规定	
保密协议及竞业限制	约定期限	
	无效的条件	
	失效的条件	

3.劳动合同的解除和终止

请归纳劳动合同的解除和终止的相关规定，并填入表13-4。

表13-4　　劳动合同的解除和终止

项目			具体规定
法定解除	劳动者	提前通知解除	
		随时通知解除	
		无须通知即可解除	
	单位	提前通知解除	
		随时通知解除	
		经济性裁员	
终止条件			
不得解除合同情形			
补偿金	法定情形规定		
	补偿年限计算		
	补偿基数		
劳动合同解除和终止的法律后果			

4. 集体合同与劳务派遣

请归纳集体合同与劳务派遣的相关规定，并填入表13-5。

表13-5　　集体合同与劳务派遣

项目		具体规定
集体合同	订立主体	
	生效要件	
	争议解决方式	
劳务派遣	派遣（用人、输出）单位的要求	
	用工（输入）单位的要求	
	劳动者权利	

5. 劳动仲裁

请归纳劳动仲裁的相关规定，并填入表13-6。

表13-6 劳动仲裁

<table>
<tr><th colspan="2">项目</th><th>具体规定</th></tr>
<tr><td colspan="2">劳动仲裁基本规定</td><td></td></tr>
<tr><td rowspan="4">参加人</td><td>当事人</td><td></td></tr>
<tr><td>当事人代表</td><td></td></tr>
<tr><td>代理人</td><td></td></tr>
<tr><td>第三人</td><td></td></tr>
<tr><td rowspan="2">管辖权</td><td>地域管辖权规定</td><td></td></tr>
<tr><td>两地申请</td><td></td></tr>
<tr><td rowspan="2">申请</td><td>时效</td><td></td></tr>
<tr><td>方式</td><td></td></tr>
<tr><td>开庭规定</td><td colspan="2"></td></tr>
<tr><td rowspan="2">裁决</td><td>终局裁决</td><td></td></tr>
<tr><td>生效</td><td></td></tr>
</table>

二、社会保险法律制度重难点

1. 基本养老保险

请归纳基本养老保险的相关规定，并填入表13-7和表13-8。

表13-7 基本养老保险

<table>
<tr><th colspan="3">项目</th><th colspan="2">具体规定</th></tr>
<tr><td rowspan="2">类型</td><td colspan="2"></td><td colspan="2">适用范围：</td></tr>
<tr><td colspan="2"></td><td colspan="2">适用范围：</td></tr>
<tr><td rowspan="3">经费组成</td><td colspan="2">单位缴费部分</td><td colspan="2"></td></tr>
<tr><td colspan="2">个人缴费部分</td><td colspan="2"></td></tr>
<tr><td colspan="2">政府补贴部分</td><td colspan="2"></td></tr>
<tr><td rowspan="2">缴费</td><td colspan="2">单位缴费比例</td><td colspan="2"></td></tr>
<tr><td colspan="2">个人缴费比例</td><td colspan="2"></td></tr>
<tr><td rowspan="8">享受条件</td><td rowspan="7">年龄条件</td><td rowspan="3">一般情况</td><td>男</td><td></td></tr>
<tr><td>女</td><td></td></tr>
<tr><td>女干部</td><td></td></tr>
<tr><td rowspan="2">从事“井下、高温、高空、特别繁重体力劳动或其他有害身体健康工作”</td><td>男</td><td></td></tr>
<tr><td>女</td><td></td></tr>
<tr><td rowspan="2">因“病或非因工致残”，“医院证明并经劳动鉴定委员会确认完全丧失劳动能力”</td><td>男</td><td></td></tr>
<tr><td>女</td><td></td></tr>
<tr><td>缴费年限</td><td colspan="3"></td></tr>
<tr><td rowspan="3">养老保险待遇</td><td colspan="4">1.</td></tr>
<tr><td colspan="4">2.</td></tr>
<tr><td colspan="4">3.</td></tr>
</table>

表13-8 延迟退休相关规定

<table>
<tr><th>性别</th><th>原退休年龄</th><th>延迟规则</th><th>上限</th></tr>
<tr><td>男</td><td>60周岁</td><td rowspan="2"></td><td></td></tr>
<tr><td>女干部</td><td>55周岁</td><td></td></tr>
<tr><td>女</td><td>50周岁</td><td></td><td></td></tr>
<tr><td colspan="4">【备注】(1) 起算点：2025年1月1日。(2) 自2025年1月1日起，职工达到国家规定的按月领取基本养老金最低缴费年限，可以自愿选择弹性提前退休，提前时间距法定退休年龄最长不超过3年，且退休年龄不得低于女职工50周岁、55周岁及男职工60周岁的原法定退休年龄。(3) 职工达到法定退休年龄时，所在单位与职工协商一致的，可以弹性延迟退休，延迟时间距法定退休年龄最长不超过3年。</td></tr>
</table>

2. 基本医疗保险

请归纳基本医疗保险和医疗期的具体规定，并填入表13-9和表13-10。

表13-9 基本医疗保险

<table>
<tr><th colspan="2">项目</th><th>具体规定</th></tr>
<tr><td>类型</td><td colspan="2"></td></tr>
<tr><td rowspan="2">缴费</td><td>单位缴费比例</td><td></td></tr>
<tr><td>个人缴费比例</td><td></td></tr>
<tr><td>享受条件</td><td colspan="2"></td></tr>
<tr><td>退休人员的规定</td><td colspan="2"></td></tr>
<tr><td rowspan="3">支付标准</td><td>支付区间</td><td></td></tr>
<tr><td>支付比例</td><td></td></tr>
<tr><td colspan="2">【注意】自付费部分由四块组成：①起付线以下的部分；②区间内自己负担的比例部分；③封顶线以上的部分；④非“定点”“定围”部分</td></tr>
<tr><td>不支付的医疗费用规定</td><td colspan="2"></td></tr>
<tr><td>医疗期待遇</td><td colspan="2"></td></tr>
</table>

表13-10 医疗期的具体规定

<table>
<tr><th>实际工作年限（年）</th><th>本单位工作年限（年）</th><th>享受医疗期（月）</th><th colspan="2">累计计算期（月）</th></tr>
<tr><td rowspan="2"><10</td><td><5</td><td></td><td></td><td rowspan="2">医疗期×2</td></tr>
<tr><td>≥5</td><td></td><td></td></tr>
</table>

续表

实际工作年限（年）	本单位工作年限（年）	享受医疗期（月）	累计计算期（月）	
≥10	<5			医疗期+6
	≥5<10			
	≥10<15			
	≥15<20			
	≥20年			

3. 工伤保险

请归纳工伤保险的相关规定，并填入表13-11。

表13-11　　工伤保险

项目		具体规定
缴费规定		
工伤认定	应当认定	
	视同工伤	
	不认定	
停工留薪期待遇		【注意】工伤职工有下列情形之一的，停止享受工伤保险待遇：①丧失享受待遇条件的；②拒不接受劳动能力鉴定的；③拒绝治疗的
劳动合同的解除		

4. 失业保险

请归纳失业保险的相关规定，并填入表13-12。

表13-12　　失业保险

项目		具体规定
缴费比例		
享受条件		
领取期限	缴费年限：≥1<5	
	缴费年限：≥5<10	
	缴费年限：≥10	
	标准	最低生活保障标准≤保险金≤最低工资标准
停止领取		

5.违法责任

请归纳用人单位违反社会保险规定应承担的违约责任的相关规定，并填入表13-13。

表13-13 用人单位违反社会保险规定应承担的违约责任

项目		违约责任
用人单位	不登记	
	不缴费	
	不解除劳动关系证明	
骗保		

同步训练

基础知识训练

一、单项选择题

1.（2024年）2023年7月1日，黄某收到甲公司的录取通知书，7月5日与甲公司订立书面劳动合同，7月15日上岗工作，8月15日试用期满。甲公司与黄某劳动关系的建立时间为（　　）。

A.2023年7月1日　　B.2023年7月15日

C.2023年8月16日　　D.2023年7月5日

2.（2024年）2023年5月1日黄某入职甲公司，15日甲公司书面通知黄某订立书面劳动合同，黄某拒绝订立，下列关于黄某不订立书面劳动合同的说法中，正确的是（　　）。

A.甲公司终止该劳动关系应向黄某支付经济补偿

B.黄某有权要求甲公司支付实际工作期间的2倍工资

C.视为双方已订立无固定期限劳动合同

D.甲公司应书面通知黄某终止劳动关系

3.（2024年）2023年3月，甲公司安排某员工第一周周五下班后加班2小时、周末加班2天，并事后补休1天。已知甲公司实行标准工时制，该员工的日工资为200元。计算甲公司当月应支付该员工最低加班工资的下列算式中，正确的是（　　）。

A.$200\times300\%\times2+200\div8\times200\%\times2=1\,300$（元）

B.$200\times200\%\times1+200\div8\times150\%\times2=475$（元）

C. $200 \times 300\% \times 1 + 200 \div 8 \times 200\% \times 2 = 700$（元）

D. $200 \times 200\% \times 2 + 200 \div 8 \times 150\% \times 2 = 875$（元）

4.（2024年）甲公司价值30 000元的设备发生损失，经检查，该损失是材料管理员王某造成的。经协商，王某承担20 000元的经济损失，甲公司承担10 000元的经济损失。甲公司按照劳动合同的约定要求王某赔偿，并每月从其工资中扣除。已知王某月工资为5 000元，当地最低工资标准为2 200元。甲公司每月可从王某工资中扣除的最高额为（　　）元。

A.5 000　　B.2 800　　C.2 200　　D.1 000

5.（2024年）下列劳动合同中，双方当事人可约定试用期的是（　　）。

A.非全日制用工合同　　B.以完成一定工作任务为期限的劳动合同

C.期限不满3个月的劳动合同　　D.无固定期限劳动合同

6.（2024年）下列情形中，劳动者可随时通知解除劳动合同的是（　　）。

A.用人单位分立　　B.用人单位合并

C.用人单位变更法定代表人　　D.用人单位未按照约定提供劳动条件

7.（2024年）2016年4月冯某进入甲公司工作，每月工资4 000元；2019年4月甲公司投资一家新公司（乙公司），于是将冯某派到乙公司工作，冯某与乙公司重新订立劳动合同，约定月工资为5 000元，至2023年4月乙公司多次无故不发放工资，冯某以乙公司不支付工资为由提出离职。已知当地上年度职工月平均工资为4 000元。乙公司应向冯某支付的经济补偿金为（　　）元。

A.5 000　　B.20 000　　C.35 000　　D.0

8.（2024年）甲公司以非全日制形式聘用冯某，双方的下列约定中，符合法律规定的是（　　）。

A.冯某辞职需提前30日通知甲公司

B.甲公司于每月的最后一天结算工资

C.试用期一个月

D.甲公司提出终止用工不需要支付经济补偿

9.（2024年）参加职工基本养老保险的个人，达到法定退休年龄时累计缴费满一定年限的，可按月领取基本养老金。该年限为（　　）年。

A.5　　B.10　　C.15　　D.12

10.（2024年）根据劳动合同法律制度的规定，下列各项中，属于劳动合同可备条款的是（　　）。

A.补充保险和福利待遇　　B.工作内容和工作地点

C.劳动保护和劳动条件　　D.劳动合同期限

11.（2023年）下列关于职工带薪年休假的表述中，不正确的是（　　）。

A. 职工累计工作已满10年不满20年的，年休假15天

B. 职工连续工作1年以上的，可以享受带薪年休假

C. 职工在年休假期间享受与正常工作期间相同的工资收入

D. 国家法定休假日、休息日不计入年休假的假期

12.（2023年）甲公司实行标准工时制。从事部件加工的职工刘某实行计件工资，每件工资0.5元。2022年9月20日，刘某在下班前已完成当日计件定额任务500件。因工作任务紧急，甲公司安排刘某延长工作时间，刘某又完成加工部件100件。刘某当天依法可以获得的加班工资最低为（　　）元。

A.50　　B.75　　C.0　　D.100

13.（2023年）根据劳动合同法律制度的规定，下列劳动合同中，用人单位和劳动者可以约定试用期的是（　　）。

A.期限不满3个月的劳动合同

B.2年固定期限劳动合同

C.以非全日制用工形式订立的劳动合同

D.以完成一定工作任务为期限的劳动合同

14.（2023年）甲公司录用应届大学生吴某并与之订立了2年期限劳动合同，双方约定吴某月工资3 000元，试用期2个月，已知当地月最低工资标准2 000元，当地职工月平均工资5 000元。试用期内，甲公司向吴某支付的试用期月工资最低不得低于（　　）元。

A.2 000　　B.3 000　　C.2 400　　D.4 000

15.赵某于2021年9月入职甲公司，与甲公司签订2年期限劳动合同，约定转正后月工资5 000元，3个月试用期，试用期工资4 200元。2022年11月，赵某发现试用期不符合规定，甲公司应向劳动者补偿金额为（　　）元。

A.4 200　　B.5 000　　C.4 000　　D.3 360

16.（2023年）2021年3月1日，甲公司安排职工冯某参加专项技术培训并为此支付培训费用20 000元，双方约定了5年服务期及50 000元的违约金。冯某培训结束后，回公司工作满1年，因公司未为其缴纳社会保险费，冯某通知公司解除了劳动合同，甲公司要求冯某支付违约金。下列关于冯某违约金支付的表述中，正确的是（　　）。

A.冯某支付的违约金不得超过50 000元

B.冯某无须支付违约金

C.冯某支付的违约金不得超过40 000元

D.冯某支付的违约金不得超过16 000元

17.（2023年）根据劳动合同与社会保险法律制度的规定，劳动合同解除或者终止后，因用人单位的原因导致一定期限未支付经济补偿，劳动者请求解除竞业限制约定的，人民法院应予支持。该期限为（　　）个月。

A.1　　B.2　　C.3　　D.6

18.（2023年）根据劳动合同法律制度的规定，劳动者单方解除劳动合同，不需事先告知用人单位即可解除的是（　　）。

A.用人单位非法限制人身自由，强迫劳动者劳动的

B.用人单位在劳动合同中免除自己的法定责任，排除劳动者权利的

C.在试用期内

D.用人单位的规章制度违反法律、法规的规定，损害劳动者权益的

19.（2023年）2022年11月30日，甲公司不再与刘某续订劳动合同，劳动合同期满终止，已知刘某在甲公司的工作年限为13年，劳动合同终止前12个月刘某的月平均工资为16 000元，当地上年度职工月平均工资6 000元。计算劳动合同终止时刘某可以得到的经济补偿的下列算式中，正确的是（　　）。

A.6 000 × 3 × 13 = 234 000（元）　　B.16 000 × 12 = 192 000（元）

C.16 000 × 13 = 208 000（元）　　D.6 000 × 3 × 12 = 216 000（元）

20.（2023年）甲公司聘用林某从事保洁工作，双方约定林某每天工作3小时，每周工作5天。下列关于甲公司与林某之间劳动关系的表述中，正确的是（　　）。

A. 甲公司与林某可以订立口头协议

B. 林某不得再与其他用人单位订立劳动合同

C. 甲公司可以按月向林某支付劳动报酬

D. 任何一方终止劳动关系需提前3日通知对方

21.（2023年）被派遣劳动者在无工作期间，劳务派遣单位应当按照一定的标准，向其按月支付报酬。该标准是（　　）。

A.所在地上年度月平均工资　　B.本单位职工上年度月平均工资

C.本单位职工上月工资收入　　D.所在地人民政府规定的最低工资标准

22.（2023年）2018年7月陈某进入甲公司工作，2022年10月患病后住院治疗，已知陈某实际工作年限为12年。陈某依法可享受的医疗期为（　　）个月。

A.9　　B.6　　C.3　　D.12

23.（2023年）下列关于工伤职工停工留薪期待遇的表述中，不正确的是（　　）。

A. 在停工留薪期内，原工资福利待遇不变，从工伤保险基金中按月支付

B. 停工留薪期一般不超过12个月

C. 生活不能自理的工伤职工在停工留薪期需要护理的，由所在单位负责

D. 工伤职工评定伤残等级后，停止享受停工留薪期待遇，按照规定享受伤残待遇

24.（2023年）赵某在领取失业保险金期间，顺利就业后又失业，赵某最长可以领取失业保险金的期限是（　　）个月。

A.12　　B.18　　C.24　　D.36

25.（2023年）根据社会保险法律制度的规定，下列关于社会保险费征缴与管理的表述中，不正确的是（　　）。

A. 用人单位和个人向社会保险经办机构提出领取基本养老金的申请，社会保险经办机构应当自收到申请之日起10个工作日内办理完毕

B. 用人单位应当自用工之日起30日内为其职工向社会保险经办机构申请办理社会保险登记

C. 社会保险基金专款专用，任何组织和个人不得侵占或者挪用

D. 社会保险基金不得用于平衡其他政府预算

二、多项选择题

1.（2024年）王某与甲公司签订了1年期的劳动合同，合同约定月工资为4 000元，已知当地月最低工资标准为2 200元，下列各项中，不符合法律规定的有（　　）。

A.试用期工资3 000元　　B.试用期工资3 200元

C.试用期期限2个月　　D.试用期期限3个月

2.（2024年）下列关于劳动合同变更的表述中，正确的有（　　）。

A.变更后的合同文本，用人单位和劳动者各执一份

B.协商变更的合同，虽未采用书面形式，但已实际履行且符合法定条件的，变更有效

C.用人单位和劳动者可以协商变更合同中约定的内容

D.变更劳动合同是对原合同作部分修改、补充或删减

3.（2024年）下列关于企业对员工进行劳务派遣的说法中，正确的有（　　）。

A.劳务派遣单位应当将劳务派遣协议的内容告知被派遣劳动者

B.在被派遣劳动者无工作期间，劳务派遣单位无须向其支付报酬

C.劳务派遣单位不能向被派遣劳动者收取派遣费

D.劳务派遣单位应当与被派遣劳动者订立2年以上的固定期限劳动合同

4.（2024年）下列社会保险中，应由用人单位和职工共同缴纳的有（　　）。

A.基本养老保险　　B.基本医疗保险

C.工伤保险　　D.失业保险

5.（2024年）下列关于失业保险待遇的表述中，正确的有（　　）。

A.失业人员失业前用人单位和本人累计缴费满1年不足5年的，领取失业保险金的期限最长为12个月

B.失业人员在领取失业保险金期间，参加职工基本医疗保险，享受基本医疗保险待遇

C.失业人员应征服兵役的，停止领取失业保险金

D.失业保险金的领取期限自办理失业登记之日起计算

6.（2023年）2022年6月1日，华某进入甲公司工作。2022年10月10日，甲公司提出订立书面劳动合同遭华某拒绝。下列关于双方劳动关系的表述中，正确的有（　　）。

A.2022年6月1日至2022年10月10日双方不存在劳动关系

B.该劳动关系终止后，甲公司应向华某支付经济补偿

C.应视为自2022年7月1日起甲公司已与华某订立无固定期限劳动合同

D.甲公司应书面通知华某终止劳动关系

7.（2023年）根据劳动合同与社会保险法律制度的规定，下列关于支付劳动报酬的表述中，不正确的有（　　）。

A.对部分公民放假的节日期间照常工作的职工，用人单位应向其支付报酬，但不支付加班工资

B. 劳动者在婚丧假期间，用人单位不向其支付工资

C. 约定的工资支付日期遇节假日或休息日的，工资应在节假日或休息日后最近的工作日支付

D. 工资可以实物及有价证券替代货币支付

8.（2023 年）参加基本养老保险的个人，因病在家中去世，下列各项中，其遗属可以领取的所需资金是从基本养老保险基金中支付的有（　　）。

A. 丧葬补助金　　B. 遗属抚恤金

C. 一次性工伤医疗补助金　　D. 一次性工亡补助金

9.（2023 年）下列关于医疗期的说法中，正确的有（　　）。

A. 医疗期 3 个月的，按 6 个月内累计病休时间计算

B. 医疗期包括公休、法定节假日

C. 医疗期从病休第一天开始，累计计算

D. 医疗期 9 个月的，按 18 个月内累计病休时间计算

10. 甲公司职工钱某在上班期间因操作失误致使手臂损伤而住院治疗。下列关于钱某住院治疗期间享受工资福利待遇的表述中，正确的有（　　）。

A. 钱某应享受停工留薪期待遇

B. 钱某应享受医疗期待遇

C. 甲公司可以按照当地最低工资标准的 80% 按月向其支付工资

D. 甲公司应当按照原工资福利待遇按月向其支付工资

11.（2023 年）根据社会保险法律制度的规定，下列费用中，由工伤保险基金支付的有（　　）。

A. 一次性伤残补助金

B. 一次性工亡补助金

C. 一至四级伤残职工按月领取的伤残津贴

D. 五级、六级伤残职工按月领取的伤残津贴

12.（2022 年）2021 年 6 月，甲公司预计与部分员工续签劳动合同，下列无过错且要求签订无固定期限劳动合同的主体中，甲公司应当与其签订无固定期限劳动合同的有（　　）。

A. 2015 年 6 月入职，已经与甲公司签订 3 次 2 年期限的劳动合同

B. 2016 年 6 月入职，已经与甲公司签订 5 年劳动期限的劳动合同

C. 已经在甲公司连续工作 15 年

D. 已经在甲公司工作 8 年，辞职创业两年后又回甲公司工作满 6 年

13.（2022 年）根据劳动合同法律制度的规定，下列情形中，用人单位有权要求劳动者支付违约金的有（　　）。

A. 劳动者违反劳动合同对竞业限制约定的

B. 因劳动者的过错，导致劳动合同被确认无效的

C. 劳动者违反约定的劳动合同期限擅自辞职的

D. 用人单位为劳动者提供专项培训费用，对其进行专业技术培训，劳动者违反

约定，未满服务期擅自离职的

14.（2022年）甲公司职工发生的下列情形中，公司可随时通知劳动者而单方面解除劳动合同的有（　　）。

A. 钱某严重违反用人单位的规章制度

B. 孙某非因工负伤尚在规定的医疗期内

C. 李某被依法追究刑事责任

D. 赵某在试用期间被证明不符合录用条件

15.（2022年）根据劳动合同法律制度的规定，劳动合同解除和终止的下列情形中，用人单位应向劳动者支付经济补偿的有（　　）。

A. 劳动者提出并与用人单位协商一致而解除劳动合同的

B. 劳动者提前30日以书面形式通知用人单位解除劳动合同的

C. 劳动者因用人单位未及时足额支付劳动报酬而解除劳动合同的

D. 以完成一定工作任务为期限的劳动合同因任务完成而终止的

16.（2022年）根据社会保险法律制度的规定，下列关于企业职工医疗期的期限及待遇的表述中，正确的有（　　）。

A. 医疗期内，用人单位不得解除或者终止无过错职工的劳动合同

B. 医疗期的计算从病休第一天开始，累计计算

C. 病休期间，公休和法定节假日不计算在医疗期内

D. 医疗期内，病假工资或者疾病救济费可以低于当地最低工资标准支付，但最低不得低于最低工资标准的80%

17.（2022年）领取失业保险金的下列人员中，应当停止领取失业保险金，并同时停止享受其他失业保险待遇的有（　　）。

A. 重新就业的李某　　B. 移居境外的孙某

C. 应征服兵役的张某　　D. 被行政拘留10日的王某

18.（2021年）根据劳动合同法律制度的规定，用人单位招用未满16周岁的未成年人应遵守国家相关规定并保障其接受义务教育的权利。下列用人单位中，可招用未满16周岁未成年人的有（　　）。

A. 文艺单位　　B. 物流配送单位　　C. 体育单位　　D. 餐饮单位

19.（2021年）某化妆品公司招聘了10名销售人员，在签订劳动合同时，要求员工缴纳300元的制服押金，等员工离职时再予以返还。根据《中华人民共和国劳动合同法》的规定，下列对化妆品公司应承担的法律责任的表述中，正确的有（　　）。

A. 劳动行政部门可以责令该公司限期返还押金

B. 劳动行政部门可以对该公司处以500元的罚款

C. 劳动行政部门可以对该公司处以2 000元的罚款

D. 如果该公司的行为给员工造成损害的，应当承担赔偿责任

20.（2021年）2020年9月1日，甲公司向周某发出录用通知，9月6日，周某到甲公司上班，截至2020年10月31日，甲公司一直未与周某签订劳动合同。下列关于甲公司未与周某签订书面劳动合同法律后果的表述中，正确的有（　　）。

A. 甲公司与周某之间视为自2020年10月6日起已订立无固定期限劳动合同
B. 甲公司应当与周某补订书面劳动合同
C. 甲公司与周某之间未建立劳动关系
D. 甲公司与周某之间的劳动关系自 2020 年 9 月 6 日起建立

三、判断题

1.（2024年）劳动合同到期，用人单位维持劳动合同约定条件续订劳动合同，劳动者不同意续订，则用人单位无须向劳动者支付经济补偿金。（　）

2.（2024年）参加职工基本养老保险的个人跨统筹地区就业的，其职工基本养老保险关系随同转移。（　）

3.（2023 年）用人单位应当在解除劳动合同时出具解除劳动合同的证明，并在15日内为劳动者办理档案和社会保险关系转移手续。（　）

4.（2023 年）职工在两个用人单位同时就业的，各用人单位应当分别为职工缴纳工伤保险费。（　）

5.（2022年）经批准实行综合计算工时工作制的，其综合计算工作时间超过法定标准工作时间的部分，应视为延长工作时间，应按规定支付劳动者延长工作时间的工资。（　）

6.（2022年）劳动者因职业病请求用人单位给予工伤保险待遇发生的纠纷，属于劳动争议。（　）

7.（2022年）非全日制用工的劳动者必须通过其用人单位参加基本养老保险，并与用人单位共同缴纳基本养老保险费。（　）

8.（2022年）用人单位应当按照本单位职工平均工资额，根据社会保险经办机构确定的费率按时足额缴纳工伤保险费。（　）

9.（2021年）劳务派遣用工中的临时性工作岗位是指存续时间最长不超过1年的岗位。（　）

10.（2021年）劳动合同履行地不明确的，劳动争议由用人单位所在地的劳动争议仲裁委员会管辖。（　）。

11.（2021年）计算职工病休期间的医疗期时，公休和法定节假日不包括在内。（　）

12.（2021年）职工在两个用人单位同时就业的，各用人单位应当分别为职工缴纳工伤保险费。（　）

13.（2021年）自2019年12月起，对领取失业保险金期满仍未就业且距法定退休年龄不足1年的失业人员，可继续发放失业保险金至法定退休年龄。（　）

14.（2019年）集体合同中劳动报酬和劳动条件等标准不得低于当地人民政府规定的最低标准。（　）

15.（2019年）参加基本养老保险的个人，在未达到法定退休年龄时因病或者非因工致残完全丧失劳动能力的，可以领取病残津贴。（　）

16.（2019年）职工参加工伤保险，由用人单位和职工本人共同缴纳工伤保险费。

（　　）

17.（2019年）用人单位对已经解除或者终止的劳动合同文本，至少保存2年备查。（　　）

18.（2019年）对符合基本养老保险享受条件的人员，国家按月支付基本养老金。（　　）

19.（2018年）用人单位对劳动争议终局裁决不服的，可以自收到仲裁裁决书之日起15日内向人民法院提起诉讼。（　　）

20.（2018年）用人单位与劳动者自签订书面劳动合同之日起建立劳动关系。（　　）

案例分析训练

【业务案例13-1】刘某经人介绍于2023年6月1日到甲公司上班。双方口头约定了工资待遇及2个月试用期等事项。2023年11月1日双方签订了书面劳动合同，约定了2年期限劳动合同及刘某提前解除劳动合同应承担的违约金等内容。2024年8月因公司未及时足额支付劳动报酬。刘某解除了劳动合同，要求公司支付拖欠的劳动报酬及解除劳动合同的经济补偿金。甲公司则以劳动合同未到期及提前解除劳动合同已给公司造成经济损失为由，要求刘某支付违约金并赔偿经济损失。双方因此发生劳动争议。

已知：刘某在甲公司实行标准工时制。

要求：根据上述资料，不考虑其他因素，分析回答下列小题。

1.甲公司与刘某之间劳动关系建立的时间为（　　）。

A.2024年8月1日　　B.2023年7月1日

C.2023年6月1日　　D.2023年11月1日

2.未订立书面劳动合同期间，甲公司支付刘某劳动报酬的下列表述中，正确的是（　　）。

A.除支付约定工资外，甲公司应支付自2023年6月1日至10月31日期间的另一倍工资补偿

B.甲公司可依约按月支付刘某劳动报酬而无须支付工资补偿

C.除支付约定工资外，甲公司应支付自2023年7月1日至10月31日期间的另一倍工资补偿

D.除支付约定工资外，甲公司应支付自2023年6月1日至10月31日期间的两倍工资补偿

3.因公司未及时足额支付劳动报酬，刘某解除劳动合同采取的正确方式是（　　）。

A.可随时通知甲公司解除

B.无须通知甲公司即可解除

C.应提前30日书面通知甲公司解除

D.应提前3日通知甲公司解除

4. 甲公司与刘某劳动争议的下列表述中，正确的是（　　）。

A. 刘某有权要求甲公司支付拖欠的劳动报酬

B. 刘某有权要求甲公司支付经济补偿

C. 甲公司有权要求刘某赔偿经济损失

D. 甲公司有权要求刘某支付提前解除劳动合同的违约金

【业务案例13-2】2024年3月5日，黄某与甲公司签订了为期1年的劳动合同。双方在劳动合同中约定：黄某3月20日上班；试用期为2个月；公司每月28日支付劳动报酬；试用期满后公司为黄某缴纳社会保险费；黄某如提前辞职，需向公司支付违约金1万元。劳动合同签订后，黄某按公司要求于2024年3月15日提前到公司上班，3月28日黄某收到首月工资。因公司没有为其缴纳社会保险费，黄某于2024年7月15日辞职，并要求公司支付经济补偿。甲公司以劳动合同尚未期满为由拒绝，并要求黄某支付违约金。双方由此发生劳动争议。

已知：黄某在甲公司实行标准工时制，其月平均工资为5 000元，当地职工上年度月平均工资为5 500元。

要求：根据上述资料，不考虑其他因素，分析回答下列小题。

1. 甲公司与黄某建立劳动关系的时间为（　　）。

A.2024年3月5日　　B.2024年3月28日

C.2024年3月20日　　D.2024年3月15日

2. 甲公司与黄某的下列约定中，符合法律规定的是（　　）。

A. 试用期满后为黄某缴纳社会保险费　　B. 试用期2个月

C. 每月28日支付劳动报酬　　D. 黄某提前辞职，需支付违约金1万元

3. 黄某辞职，甲公司应向其支付经济补偿的数额为（　　）元。

A.5 500　　B.0　　C.2 500　　D.5 000

4. 下列关于该劳动争议的表述中，正确的是（　　）。

A. 甲公司有权要求黄某支付违约金

B. 甲公司可向劳动争议仲裁机构申请仲裁

C. 黄某有权要求公司补缴社会保险费

D. 黄某可直接向法院提起诉讼

参考文献

[1] 财政部会计资格评价中心. 经济法基础［M］. 北京：经济科学出版社，2025.

[2] 东奥会计在线. 经济法基础［M］. 北京：北京大学出版社，2025.

[3] 中国注册税务师协会. 税法［M］. 北京：中国财政经济出版社，2025.

[4] 全国税务师职业资格考试教材编写组. 税法（I）［M］. 北京：中国税务出版社，2025.

[5] 全国税务师职业资格考试教材编写组. 税法（II）［M］. 北京：中国税务出版社，2025.

[6] 杨则文. 纳税实务［M］. 5版. 北京：高等教育出版社，2024.

[7] 盖地. 中国税制［M］. 7版. 北京：中国人民大学出版社，2024.

[8] 梁文涛. 中国税收：税费计算与申报［M］. 6版. 北京：中国人民大学出版社，2024.